Prendre Part

Lufian Mokuami Ndongala

Préface d'*Élisabeth Moreno*

Prendre part :

Mon histoire face aux enjeux des quartiers populaires

Éditions THAMANI

Éditeur : Éditions THAMANI
Couverture : Simplice Amany – Agence Tomorrow
Mise en page intérieure : Éditions THAMANI
Crédit photos : Coco de Rinnez
Pour nous joindre : contact@editions-thamani.com

Pour suivre le parcours et les projets de Lufian :

Sommaire

•

———————

PRÉFACE

·

par Élisabeth Moreno

Lufian et moi venons des mêmes quartiers populaires. Ceux qu'on réduit trop vite à des chiffres, à des faits divers et à des clichés. Ceux qu'on regarde de loin, avec une inquiétude automatique ou une condescendance tranquille, comme si une adresse résumait une vie.

Ce sont pourtant des bouts de France pleins d'humanité, de courage, de débrouille, de solidarité instinctive et de rires qui claquent plus fort que les portes.

Des lieux où l'on apprend tôt la vraie vie : celle qui ne vous épargne rien, mais qui vous forge. Beaucoup d'entre nous y grandissent dans une économie du lien, et on apprend vite qu'on ne « réussit » jamais seul. On sait qui est malade, qui cherche du travail, qui a besoin d'un coup de main. Et parfois, ce que l'on appelle de loin « désordre » n'est que la manière – imparfaite, oui, mais réelle – de tenir debout quand les institutions passent trop rarement.

Il y a une beauté brute dans ces quartiers. Il y a les mères et les pères qui se lèvent à cinq heures pour aller travailler à des kilomètres, pour nourrir leur famille et garder leur dignité. Il y a des parents qui rêvent de voir leurs enfants « réussir mieux qu'eux », non par vanité, mais par amour lucide : pour qu'ils aient davantage de choix. Et puis il y a aussi ceux qui dérivent vers des destins tragiques, pendant que d'autres refusent l'assignation à résidence et décident de ne pas laisser une adresse devenir une condamnation.

Ce courage, cette débrouille, cette résilience n'ont rien de romantique. Ils sont souvent une stratégie de survie, quand les choix sont rares et les portes étroites. Il ne s'agit pas de glorifier la difficulté : il s'agit de regarder en face ce qu'elle fabrique, et ce qu'elle coûte.

On oublie trop souvent que ces quartiers comptent 5,3 millions de vies. Qu'ils ont une densité associative impressionnante. Qu'ils portent une dynamique entrepreneuriale très jeune : plus de quatre créateurs sur dix ont entre vingt et vingt-neuf ans. Qu'il y a une énergie dans le sport, dans la culture, dans l'engagement du quotidien. La société y est vivante, inventive, et souvent plus solidaire qu'on ne veut l'admettre.

Et en même temps, le réel est têtu : 44 % des habitants vivent sous le seuil de pauvreté, et près de 26 % des jeunes ne sont ni en emploi ni en formation. L'accès aux stages, aux réseaux, à l'emploi est plus difficile. Les discriminations à l'embauche persistent, même quand on fait « tout bien ». Ce n'est pas un manque d'effort. C'est un désavantage structurel. Ce n'est pas la valeur des gens qui manque : ce sont les portes ouvertes.

Dans ces quartiers-là, on ne comprend pas toujours ce qu'est la politique. Ou plutôt : on la comprend trop bien, par son mauvais côté. On la voit passer en campagne, repartir après les photos. On l'entend parler « des quartiers » sans parler avec eux. On sait combien elle peut manipuler, récupérer, promettre et oublier. Alors on la rejette. Et on ne réalise pas qu'elle continue de nous impacter, même quand on s'en détourne.

J'ai parfois entendu opposer les quartiers populaires et les zones rurales, comme si c'étaient deux Frances concurrentes. C'est une erreur… et parfois une ruse. Les combats se ressemblent : services publics, mobilité, emploi, santé, école, reconnaissance. Dans un village comme dans une cité, on sait ce que c'est que d'être loin des centres de décision. La République se répare quand elle refuse la concurrence des souffrances et remet la justice au centre.

Parce que la politique, ce ne sont pas seulement des plateaux télé ou des buzz sur les réseaux sociaux. C'est surtout l'allocation des ressources et la distribution du respect. C'est une école qui ouvre – ou qui trie. Un transport qui relie – ou qui isole. L'accès aux stages, aux réseaux, à la culture. C'est qui on protège… et qui on soupçonne.

C'est là que l'histoire de Lufian devient essentielle, parce qu'elle raconte un réveil… et une bascule. Et je le dis en connaissance de cause : j'ai vu, dans l'entreprise comme au sommet de l'État, à quel point une décision prise loin du terrain peut ouvrir un destin… ou l'étouffer. J'ai vu aussi ce que coûte un mot de trop, une maladresse, une erreur de stratégie : dans un système, l'erreur se corrige ; sur une personne, elle colle à la peau.

Je sais ce que ça coûte de « prendre part » quand vous venez d'un endroit où l'on vous a appris à vous tenir à l'écart. Lufian a entendu, comme tant d'autres, les questions de l'entourage : « À quoi ça sert ? » « Pourquoi tu t'engages ? On n'a pas les moyens. » Parfois, ce n'est même pas du cynisme : c'est une bienveillance inquiète. On veut protéger des coups, de l'échec, des humiliations. Sauf qu'à force de se protéger, on finit par s'enfermer.

Et puis il y a cette autre phrase, terrible, qui circule dans beaucoup de familles et de cages d'escalier : « Ils se fichent de ce qu'on pense. Ce n'est pas notre place. » Quand on y croit, on sort du jeu. La vraie question est de savoir comment participer intelligemment : par l'organisation, la constance, le nombre, la stratégie, les alliances, et le courage de rester même quand c'est dur.

L'auteur nous montre que la bascule peut commencer dans un moment très simple, presque banal. Une salle. Un mentor. Une phrase.

« Un jour, dans la salle vide après un entraînement, on range les gants et les protège-dents. Je lui parle d'une activité que je fais avec des jeunes. Je lui dis que parfois, j'ai l'impression qu'ils ne m'écoutent pas, qu'ils ne me prennent pas au sérieux. Il me regarde calmement et me répond : *Si tu veux aider les autres, commence par ne jamais te croire au-dessus d'eux.* »

Tout est là. La politique au sens noble du terme. Pas la politique-spectacle. La politique comme humilité active : se mettre au niveau, comprendre avant de convaincre, servir avant de briller.

Ce livre arrive à un moment où notre pays doute de lui-même, où la démocratie est fragilisée, et où le racisme et les discriminations s'exhibent en toute impunité. On s'indigne, puis on passe à autre chose. Lufian rappelle que la démocratie se gagne au quotidien, dans la durée, dans le réel. Il parle de son vécu. Et c'est sa force.

Il montre comment transformer une énergie brute en force constructive. Comment passer de l'instinct à la méthode. De la colère à la construction. Du « je subis » au « je fais ». Comment apprendre les règles du jeu, pour ne plus en être la victime. Comment tenir quand on répète que « ça ne sert à rien ». Il montre qu'il n'y a pas de fatalité et que l'on peut contribuer à changer les choses en s'engageant.

Et je veux le dire par expérience : tout le monde n'a pas besoin d'être élu pour prendre part. On peut agir dans le sport, la culture, l'entreprise, l'association. On peut être entraîneur et changer une vie. Chef d'entreprise et ouvrir des stages, des emplois. Bénévole et recréer du lien. Ouvrons les portes des entreprises, les fenêtres des institutions, pour reconnaître cette force, l'investir et la transformer en puissance collective, pour eux, et pour nous tous.

C'est pour cela que ce livre m'a parlé et que je suis heureuse de le voir arriver maintenant. Parce qu'il montre qu'à un moment, il faut aussi aller là où se décident les règles. Car la démocratie n'est pas un spectacle : soit on y participe, soit on la laisse se faire sans nous.

Prendre part, ce n'est pas être parfait. C'est refuser l'assignation et accepter cette responsabilité essentielle : nous pouvons, nous aussi, rendre les choses meilleures.

Élisabeth Moreno
Ancienne ministre chargée de l'Égalité entre les femmes et les hommes, de la Diversité et de l'Égalité des chances

Introduction

Je ne suis pas né avec l'idée de « m'engager » ou de « faire de la politique ».

Au début, je voulais surtout *comprendre*. Comprendre où j'arrivais. Comprendre ce monde dans lequel j'avais atterri sans manuel, sans mode d'emploi. Comprendre les règles des endroits où je mettais les pieds – pour ne pas me sentir hors-jeu dès le premier pas.

Très tôt, j'ai réalisé qu'un territoire, ce ne sont pas seulement des rues et des bâtiments. Chaque lieu a ses codes, ses silences, ses façons de faire. Il y a ce qu'on te dit, et ce qui ne se dira jamais. Ce qui est écrit sur les murs, et ce qui circule seulement dans les regards. Ce qui est officiel, et ce qui se transmet à voix basse – dans les couloirs, dans la rue, sur un banc.

Avant de parler, il faut regarder, écouter, comprendre. Puis s'adapter.

Je n'étais ni militant, ni responsable, ni « jeune engagé ». Je n'avais pas de grand discours, pas de slogan. J'étais juste un enfant qui essayait de se débrouiller dans un monde nouveau, sans boussole, avec pour seuls repères ce que je vivais chaque jour. Ce gamin qui observait tout autour de lui – et qui a appris à faire avec.

C'est de là que part ce livre.

D'une enfance marquée par l'exil, d'une adolescence passée à découvrir les inégalités sans filtre, et d'un parcours construit pas à pas, forgé dans les quartiers populaires dans lesquels j'ai grandi.

Ces expériences ont façonné ma manière de voir la ville, les institutions, la politique et surtout les habitants. Elles m'ont donné envie de travailler avec les valeurs de l'éducation populaire : partir de ce que vivent les gens et construire avec eux, plutôt que pour eux et sans eux.

Elles m'ont appris que nos quartiers ne sont pas des zones en marge de la société. Ce sont, au contraire, des territoires où se jouent des choses très concrètes : se loger, se soigner, poursuivre ses études, trouver un travail, tisser du lien. Des endroits où les inégalités se révèlent à l'état brut, oui – mais aussi là où naissent de nouvelles formes de solidarité, d'initiatives citoyennes, de forces vives et d'engagement.

Elles m'ont aussi fait réaliser quelque chose d'essentiel : on ne transforme pas nos territoires grâce à de belles intentions. Pour agir concrètement et dans la durée, il faut des clés. Des repères. Des actions concrètes au plus près des besoins des habitants.

Ce livre est né de ce cheminement.

Il n'a pas l'ambition de me présenter comme un modèle, ni de me donner le beau rôle et encore moins de masquer les difficultés rencontrées. Il veut plutôt partager des clés, pour agir autrement – pour les quartiers, et au-delà.

J'y raconte comment ce que j'ai vécu est devenu un engagement. Comment un quartier toujours observé de l'extérieur peut être raconté de l'intérieur, par quelqu'un qui y a grandi, qui y a travaillé, qui y a aimé. J'y ai pris part, en tant qu'habitant, citoyen, puis en tant que bénévole au sein d'associations de quartier, et enfin en tant que professionnel.

Au fil des pages, je partage aussi quelques questions simples mais essentielles : qu'est-ce que ça veut dire « être de quelque part » ? Quelle place laisse-t-on vraiment aux habitants dans les décisions qui les concernent directement ?

Pour moi, prendre part, c'est refuser la résignation. À quelque niveau que ce soit.

Prendre part, ça commence souvent par de petits gestes : un bonjour, une présence, une discussion, un projet. Une parole qu'on refuse de laisser passer. Un *non* qu'on ose dire, un *oui* qu'on assume. Un colis d'urgence alimentaire qu'on donne à une famille dans le besoin. Une femme victime de violences, qu'on accompagne vers les services sociaux. Un jeune qu'on aide à trouver sa voie.

Prendre part, c'est une porte qu'un jour, on décide de franchir,-pour permettre à d'autres d'y entrer.

Parfois, prendre part, c'est aussi un livre qu'on décide de publier. Parce qu'avec le temps, j'ai compris que mon vécu n'est pas seulement mon histoire : il s'inscrit dans une histoire collective.

J'espère que ces pages vous apporteront de l'inspiration. Oui, j'espère que ce récit encouragera celles et ceux qui, comme moi, veulent prendre part à ce qui se passe là où ils vivent… et qui refusent de laisser d'autres écrire leur histoire à leur place.

Lufian Mokuami Ndongala

CHAPITRE UN

·

Là où tout commence

Je suis né en République Démocratique du Congo (RDC). Et plus précisément de la capitale : Kinshasa.

Kinshasa n'est pas un bloc uniforme. C'est une ville-monde, avec ses territoires et ses rythmes, ses quartiers résidentiels et ses quartiers populaires.

Mes racines : Matete

Chacune des vingt-quatre communes qui composent Kinshasa a son propre univers.

À Kalamu, on trouve le quartier populaire de Yolo, connu pour rassembler un grand nombre de *kuluna* – ces gangs de rue qui marquent la vie locale. Bandal, de son côté, est un peu le fief de la culture congolaise : de nombreux artistes aujourd'hui mondialement connus en sont issus. À Ndjili, l'énergie est différente, plus tournée vers le business, la débrouille, le commerce – « ils peuvent te vendre sans que tu te rendes compte qu'on t'a vendu », comme dirait l'autre.

En ce qui me concerne, l'histoire commence à Matete. Mes parents sont originaires de cette commune.

Matete, c'est le bruit, la poussière, la musique à fond, les odeurs de nourriture dans la rue. Et puis il y a la délinquance, très présente. Ici, on aime la bagarre – le judo, le karaté, le catch.

Je suis né dans cette ambiance, d'une mère commerçante, et d'un père étudiant à l'époque. Ils se sont séparés peu de temps après ma naissance. J'ai alors grandi exclusivement avec ma maman, Matondo Lufiawu, jusqu'à l'âge de neuf ans.

Au niveau professionnel, ma mère s'en sort plutôt bien. On ne vit pas dans le luxe, mais on ne manque de rien à la maison. Maman a les moyens de nous inscrire, mes sœurs – Bénie et Kabibi – et moi, dans une école privée de Matete, l'école *Les Bambinos*.

Maman est commerçante. Elle a commencé sur les marchés – mais entre les vendeurs de viande, les étals de mangues et les piles de pagnes, elle a vite compris comment se démarquer. Elle a le sens des affaires. Et surtout, elle est dynamique et débrouillarde. Petit à petit, elle gagne des clients. Une réputation. Du respect. Des opportunités qui dépassent la commune.

Avec le temps, on aurait pu déménager ailleurs. Du côté de la Gombe, par exemple – là où les rues sont plus calmes, où les maisons sont mieux entretenues, où l'eau courante coupe moins souvent. Mais on ne le fait pas.

Ma mère préfère rester à Matete, là où elle a grandi. C'est ici qu'elle a ses repères, ses amis. Elle a réussi, oui – mais elle ne coupe pas le fil de ses racines. Et dans le quartier, on la respecte aussi pour ça : pour être restée la même, au milieu des mêmes gens.

Alors je grandis dans ce quartier. Dans ce monde que je découvre, il y a des enfants qui vont tous les jours à l'école, et d'autres qui doivent travailler pour aider les parents. Les tontons dont le ventre bien rempli déborde de la ceinture, et ceux qui demandent un billet à chaque visiteur venu de *Poto* – l'Europe. Et toujours : les cris des vendeurs, les voisins qui entrent sans frapper, les disputes qui éclatent vite, les rires qui reviennent tout aussi vite.

Matete, c'est aussi le lieu où habitent tous les champions d'arts martiaux de la ville. On les appelle « maîtres ». Pour nous les enfants, ce sont presque des super-héros.

Les « maîtres » de Matete

Je me souviens de ces soirs où le soleil se couche sur les rues poussiéreuses. Quand la chaleur retombe un peu, c'est là que les maîtres sortent. Ils s'entraînent, avec des pantalons usés, souvent pieds nus, sur des terrains vagues ou au coin d'une rue.

Nous, on les regarde de loin. Fascinés. Les coups de pied qui claquent dans le vide. Les cris qu'ils poussent. Leurs séries de pompes à même le sol. Les démonstrations d'endurance, de force, de souplesse.

À Matete, je comprends très tôt que l'autorité ne vient pas forcément du titre ou de l'uniforme. Mon quartier d'enfance est ma première salle de classe, bien avant l'école.

Un jour, j'ose m'approcher trop près. Un maître me lance un regard sérieux et me dit : « Petit, ici ce n'est pas un spectacle. Si tu veux regarder, tu regardes en silence. Si tu veux apprendre, tu viens t'entraîner. Mais tu ne viens pas te moquer. »

Je ne me moque pas, bien au contraire. Car, sans le savoir, ce maître de Matete commence à m'enseigner une leçon.

La force du lien

Un jour, une embrouille éclate entre deux grands. Nous, les petits, on court pour voir, comme toujours. Et puis un maître arrive.

Il ne crie pas. Il ne menace. Il se place entre les deux, les regarde et dit calmement : « Ici, on ne règle pas ça devant les petits. Si vous avez un problème, venez dans le ring. »

Les deux grands baissent le regard, ils marmonnent… et la bagarre s'arrête net. Moi, je suis stupéfait.

Ce jour-là, je réalise quelque chose : il y a des endroits dans lesquels l'autorité n'a pas besoin d'uniforme pour tenir debout.

Ces maîtres congolais n'ont pas de salles climatisées, pas de sponsors, pas de réseaux sociaux. Ils n'ont pas de blouson avec un titre qui leur donne le pouvoir de sanctionner. Ils ont juste leur corps, leur volonté, leur parole. Et surtout, ils connaissent les gens du quartier – et les gens du quartier les connaissent.

C'est justement ce quelque chose, *ce lien*, qui leur permet d'être respectés, d'incarner une forme de dignité brute.

Sans lien, l'autorité flotte dans le vide.

Mes premiers concerts

Pour son activité de commerçante, ma mère fait des allers-retours entre l'Afrique et l'Europe. Pour moi, enfant, ces voyages, c'est un mystère et un rêve à la fois : elle part, elle revient, elle rapporte des histoires, des voitures, des parfums d'ailleurs.

Quand elle part, je sors beaucoup : les concerts de rumba, les musiciens connus, les nuits qui finissent tard, les foules qui dansent, les lumières des bars, le sentiment d'être « dans la vie » même quand tu es encore un gosse.

Je me souviens des répétitions des artistes qui font vibrer tout le pays. Des chanteurs de rumba très en vogue à l'époque. Dès qu'on apprend qu'ils répètent quelque part, on court pour aller les regarder. On se faufile, on se colle aux murs, on essaie de voir un bout de scène. C'est un peu comme dans *La Vie est belle*. Ceux qui ont connu ce film savent de quoi je parle : cette énergie, ce rythme, cette façon de transformer la débrouille en art, et la rue en décor.

Quand j'y repense aujourd'hui, ça me fait sourire. Parce que très tôt, j'ai envie de reproduire ce que je vois. Pas juste admirer : refaire, revivre ce que ces artistes mettent en place – mais à ma manière.

Avec les autres enfants, on s'invente un petit groupe. On n'a pas de vrais instruments, mais on est créatifs. Nos micros ?

Des branches de papayer qu'on tient comme si on était sur scène. Nos guitares ? Des morceaux de bois, des bouts de fil… tout ce qu'on trouve. Mais dans nos têtes, c'est sérieux. On veut faire comme les grands.

J'ai sept ou huit ans et déjà, je me vois musicien. J'ai le sens du rythme. C'est d'ailleurs pour ça que je deviens le leader du groupe : le batteur – celui qui donne le tempo. Et les autres suivent, parce qu'on se fait confiance.

Tu veux un verre de jus ?

Ces années-là me marquent à vie. Je me souviens des ruelles animées, des vendeuses au marché qui crient pour attirer les clients, des odeurs mêlées – le poisson grillé, la sueur, la poussière, les épices, la fumée des braises.

Mais derrière cette énergie, il y a la dureté.

Je vois des amis venir à l'école avec des chaussures trouées, des uniformes déchirés. Certains arrivent sans avoir mangé. D'autres ne viennent plus, parce que la famille n'a plus les moyens de payer les frais scolaires ou parce qu'on a besoin d'eux pour travailler, vendre, aider à la maison.

Chez moi, ce n'est pas le luxe, mais ma mère s'en sort un peu mieux. J'ai de quoi manger, je vais à l'école. Cette différence, je la ressens très tôt.

Un jour, un ami vient jouer à la maison. On lui donne un verre de jus. Je me rappelle encore son regard : il boit doucement, comme si c'est quelque chose de précieux. Sur le chemin du retour, il me dit : « Chez nous, on n'achète jamais ça. On boit de l'eau, c'est tout. »

Ce n'est qu'un verre de jus de fruit, mais pour lui, c'est le symbole d'un monde un peu plus confortable. Je me sens mal à l'aise. Je ne sais pas comment gérer cette différence, mais je commence à la voir.

À Matete, je comprends la dureté du quotidien. Je comprends que certains naissent avec presque rien, et que ce presque rien leur colle à la peau.

Ce « confort » dont je peux sembler bénéficier aux yeux de certains ne m'empêche pas pour autant de connaître une forme de précarité. Pas forcément telle qu'on la voit en France.

La précarité de Matete, ce sont les coupures d'électricité. L'eau qui n'arrive pas toujours. Les enfants qui grandissent trop vite parce qu'ils n'ont pas le choix.

Et moi, je me construis là-dedans. Dans ce mélange de bruit, de musique et de manque. C'est mon monde. C'est aussi là que ma conscience commence à prendre racine. Et c'est surtout là que mes premiers liens se tissent.

À ce moment-là, je ne le sais pas encore, mais mon monde est sur le point de changer.

CHAPITRE DEUX

•

Apprendre à décoder

Un proverbe africain dit que *la force du baobab se trouve dans ses racines*. Et moi, j'aime le lieu où les miennes se sont formées. À Matete, je suis souvent dans la rue – surtout quand Maman n'est pas là.

Seulement voilà : je n'ai que neuf ans. Les tantes, la nourrice, n'en peuvent plus. « Il est encore dehors ! » « Ton fils, tu ne le tiens pas ! »

Ma mère a peur.

L'exil

Elle sait qu'on habite dans un endroit chaud, avec des histoires entre quartiers, des embrouilles, des bagarres qui éclatent sans prévenir. Elle sait comment un enfant peut se perdre – à force de traîner avec les plus grands, à force de vouloir imiter. Elle se dit : « Si je laisse mon fils traîner ici, il peut mal tourner. »

Pour elle, la France représente une chance, une sortie possible, une opportunité pour mon avenir, moi qui étais à l'époque son seul garçon. Je ne connaissais rien de la France, mais je savais une chose : chez nous, en lingala, on dit que partir en France, c'est *kokende na lola* (« partir au paradis »).

Alors ma mère décide de m'envoyer en France, chez sa petite sœur. À neuf ans, je quitte Kinshasa pour aller vivre avec Espérance – ma tante.

Ce départ n'est pas un simple voyage. Ce n'est pas des vacances, ni un petit séjour pour « voir du pays ».

C'est une rupture. *Un déchirement.*

Je laisse derrière moi mes amis d'enfance. Nos premiers « faux concerts ». Le lingala, ma langue du quotidien. Cette manière de vivre entouré : la famille élargie, les voisins, les cousins, tout le monde dans la même maison, tout le monde dans la même cour.

Dans les quartiers populaires de Kinshasa, tu n'es jamais seul. Il y a toujours du monde chez toi : quelqu'un qui entre, qui sort, qui appelle, qui passe, quelqu'un pour te surveiller, t'engueuler, te nourrir, te consoler.

Je laisse Matete et mon quartier difficile, mais vivant. Plein de tensions, oui, mais aussi plein d'amour. Un endroit qui ne pardonne pas toujours, mais qui te tient, qui te forme, qui te marque.

Malgré ses problèmes, on aime Matete. On aime parce que c'est chez nous. Parce que c'est là qu'on apprend à se faire une place. Parce que c'est là que poussent mes premières racines.

Partir du Congo, c'est les arracher.

Nouveau pays, nouveau décor

J'atterris en France au début des années 90. Plus précisément au mois d'octobre. Je m'en souviens bien, parce qu'il faisait froid. Moi, je portais un habit festif – le boubou – qui ne correspondait pas du tout à la température. Mon premier choc culturel, il est là : sur ma peau.

Dans ma tête d'enfant, je m'attends à quitter Kinshasa pour atterrir dans le Paris des cartes postales, celui des vidéos VHS que ma sœur aînée m'a montré. Bénie sait que je ne voulais pas partir, alors elle a essayé de me faire rêver : la Tour Eiffel, les lumières, les beaux quartiers. Les films de Belmondo, et les clips de hip hop dont elle était fan. On aimait les regarder ensemble.

Mais ce n'est pas dans ce Paris-là que j'atterris.

J'arrive à *Grigny*. Dans l'un des quartiers les plus pauvres de l'Île-de-France. C'est là que vivent la petite sœur de ma mère et son bébé Fara, qui vient tout juste de naître.

À Grigny, je découvre un autre décor : des grandes barres d'immeubles, des cours d'école entourées de béton, des cages d'escalier où tout résonne, les bus, le RER, les terrains de foot où tout le monde se retrouve, les parkings, les halls, les bancs qui deviennent des salons à ciel ouvert. C'est là, dans cet univers, que se marque la fin de mon enfance. Mon adolescence va alors se construire entre les tours du square Surcouf, Les Sablons, La Balance, Méridien ou La Treille, les maisons de quartier et les terrains gris de G2.

Je découvre une autre façon de vivre. Une autre pauvreté. Une autre manière d'être regardé.

Là-bas, au Congo, la pauvreté, je la connaissais. Elle était partagée, visible, assumée. Ici, en France, je découvre une pauvreté qui se cache, qui s'enveloppe de silence. Une pauvreté qu'on nie d'un côté, et qu'on utilise de l'autre pour parler des « problèmes de banlieue ».

On n'arrive jamais quelque part sans histoire. On transporte son passé, sa langue, ses gestes, ses peurs, ses rêves. Mais certaines histoires comptent plus que d'autres aux yeux des gens.

On ouvre la porte, c'est tout

À Grigny, on vit à plusieurs dans un petit studio, au square Surcouf. Au début, quand tu es enfant, tu ne te rends pas compte que c'est petit. C'est juste *chez toi*.

Et dans ce « chez nous », je découvre quelque chose de familier : le monde qui entre.

Ma tante a un énorme cœur. Elle ouvre sa porte à des amies en galère, à des mamans seules, parfois à des cousins fraîchement arrivés du pays, qui n'ont nulle part où aller. Résultat : on se retrouve souvent à cinq, six, parfois plus, dans quelques mètres carrés.

Je me souviens des matelas posés par terre, le soir, avant

d'aller se coucher. Des devoirs que je fais dans la baignoire, appuyé sur la planche en bois qu'on a posée pour moi par-dessus. Des corps serrés les uns contre les autres pour dormir. Des sacs de vêtements dans un coin. Des casseroles qui chauffent presque en continu, parce qu'il y a toujours quelqu'un qui a faim.

Les enfants courent dans les couloirs du palier, jouent à cache-cache, inventent des jeux avec presque rien. Les grands, eux, tiennent des réunions informelles dans la cuisine. Ils parlent de papiers, de travail, de galère, de santé, de racisme, de police, de demain.

Ce chaos organisé m'apprend deux choses : la fragilité de nos vies, mais aussi une forme d'entraide instinctive. Personne ne parle de *solidarité citoyenne* ou de *cohésion sociale*. On n'a pas ces mots-là. Je le vois bien : on ouvre la porte, c'est tout. Parce qu'on sait que demain, ce sera peut-être nous qui aurons besoin d'aide.

À l'école : observer pour s'adapter

À l'école, je dois m'adapter, comprendre cet autre monde, m'ancrer dans mon nouvel environnement.

Au Congo, l'école était plus dure, plus stricte. On ne répondait pas aux adultes. On ne discutait pas – au risque de se prendre un bon petit coup de règle, juste pour être sûr de ne pas recommencer la bêtise. Ici, je découvre autre chose : des enfants qui parlent fort, qui contestent, qui testent. Et surtout, je réalise que, dans certains endroits, il faut apprendre vite comment se comporter pour ne pas se faire avaler.

Au début, il y a des moqueries. Tu arrives « du bled », tu as un accent, une façon de t'habiller, une façon de parler. Tu n'as pas les mêmes références. Ce n'est pas simple.

Mais il y a aussi des mains tendues.

Progressivement, je me fais des amis qui m'aident à commencer à me faire une place. Il y a aussi un enseignant de mon école primaire, Michel, qui me prend un peu sous son aile. Il me montre comment m'adapter à l'écriture, aux codes, à tout ce que je ne sais pas encore nommer. Ça me redonne confiance.

Et puis il y a un autre lieu où les choses se font sans discours : le terrain de foot. À Grigny, le foot, c'est un langage. Si tu joues bien, tu existes. Si tu sais faire une passe, si tu sais courir, si tu sais te relever, tu te fais des amis. Ça ne règle pas tout, mais ça permet de te faire accepter.

Petit à petit, je m'ancre.

Apprendre les codes

À l'école puis au collège, je suis les matières, je passe les classes, comme tout le monde. Et dehors, en bas des immeubles, j'apprends autre chose.

Je ne suis pas forcément le plus bruyant, ni le plus fort, ni le plus charismatique. Mais dans ce brouhaha permanent, je regarde les visages, les postures, les gestes. J'écoute les conversations, les non-dits, les soupirs. Je remarque des détails : qui a des problèmes chez lui ; qui joue au dur, mais tremble quand la police arrive ; qui se cache dans l'humour pour ne pas pleurer ; qui se sent déjà condamné par l'école.

J'apprends à me faire une place, à me faire respecter et à me protéger. J'apprends à lire l'ambiance d'une cage d'escalier comme d'autres lisent un journal. À sentir quand ça va déraper et qu'il faut partir ; ou au contraire, quand il faut rester. J'apprends à négocier, tout le temps : avec la famille, les voisins, l'école, les potes.

Et je réalise vite que les vraies règles ne sont pas toujours écrites dans les règlements intérieurs des écoles ou dans les lois nationales, mais qu'elles circulent aussi autrement.

Avant d'agir ou de parler, je dois écouter, observer, décoder.

Il y a des choses qu'on ne dit pas forcément, mais qui se captent dans les regards, les gestes, les silences. Les allées, les bancs où les grands se posent. Les codes informels et les non-dits.

Parmi nos codes d'ados, il y a une certaine idée de la loyauté. Ça me fait sourire aujourd'hui, mais à l'époque, je fais même partie d'une équipe qu'on appelle la « BAB » : Brigade Anti-Balance. Pour nous, « balancer », ce n'est pas juste un mot. C'est presque un crime.

« BAB » : brigade anti-balance

Un jour, un copain a donné des infos à un adulte sur une embrouille dans le quartier. Rien de grave à nos yeux aujourd'hui, mais à l'époque, pour nous, c'était une trahison.

On le convoque – oui, on disait ça comme si on était une institution.

On se retrouve dans une cage d'escalier : lumières jaunes, murs tagués, odeur d'urine et de tabac froid. On le fait s'asseoir sur une marche. On l'encercle. Et on lui pose des questions, les unes après les autres :

— Pourquoi t'as parlé ?
— Tu te rends compte de ce que t'as fait ?
— Tu sais qu'on pourra plus te faire confiance ?

Certains parlent fort. D'autres restent silencieux, menaçants. Lui, il tremble. Il essaye de se justifier : « Mais j'ai rien dit de grave… C'était juste pour éviter que ça parte en vrille… »

À l'époque, on n'entend rien. On ne comprend qu'une chose : il a cassé le code. Le code dit : ce qui se passe dans le quartier reste dans le quartier.

On ne le frappe pas ce jour-là, mais la pression psychologique est énorme. On veut lui faire peur. Le marquer. On pense défendre un principe. Un honneur. Même si on ne le fait pas de la bonne manière.

Parce qu'aujourd'hui, avec le recul, je vois surtout des ados qui essayaient de jouer aux grands, de reproduire à leur manière des logiques de clan, de territoire, de pouvoir. On cherchait, maladroitement, à garder un minimum de contrôle sur un monde qui nous échappait.

Dans un univers où on n'a pas grand-chose, la seule richesse qu'on croit posséder, c'est la parole donnée. À nos yeux, notre honneur, c'est notre cohérence : ce qu'on dit, on le fait.

Ceux qu'on ne voit pas

Il y a une autre forme d'honneur, plus discrète : celle de ceux qui calment au lieu d'enflammer.

À Grigny, il y a des gens dont la parole a particulièrement compté dans mon adolescence. Comme si j'avais fini par retrouver les fameux maîtres de Matete, mais sous une autre forme.

Ce sont ceux qu'on appelle les « médiateurs de quartier » : des grands frères, des grandes sœurs, des anciens qui s'interposent quand ça chauffe ; qui parlent à l'un, à l'autre, pour désamorcer ; qui vont voir les jeunes, puis les parents, pour éviter qu'un regard de travers ne se transforme en rixe entre quartiers.

Ces gens-là, on ne les voit pas à la télé. On ne leur consacre pas de documentaires. Ils n'ont ni titre, ni costume. Mais ils observent et savent comment s'adapter à la situation. Sans eux, beaucoup de quartiers exploseraient. Ils sont là – fidèles, présents – même quand personne ne regarde, même quand personne ne les remercie.

Quand je repense à mon arrivée en France, à ma peur, à mon adaptation, je me dis une chose : si j'ai tenu, c'est aussi grâce à ce type de personnes. Des présences qui te marquent, même quand personne ne les remarque.

Chapitre Trois

•

Les figures déterminantes

Dans chaque parcours, il y a des visages qu'on n'oublie pas. Pas forcément ceux qui parlent le plus fort, ni ceux qui se mettent en avant. Mais ceux qui arrivent au bon moment, qui te regardent vraiment dans les yeux, et qui, sans grand discours, déposent quelque chose en toi.

Dans mon adolescence, ces figures sont déterminantes. Elles ne me donnent pas seulement des conseils. Elles m'aident à me positionner, à comprendre qui je suis, ce que je peux accepter, et ce dont je dois, parfois, me détourner.

Madame Marquès, la prof de français

Je pense d'abord à Madame Marquès, l'une de mes professeures de français au collège.

Elle était différente des autres profs. Elle ne se contentait pas de faire son cours, de dicter une leçon et de corriger des copies. Elle voulait comprendre d'où on venait et ce qu'on vivait.

Un jour, après un devoir où je rends un texte un peu brouillon mais sincère, elle me demande de rester à la fin du cours. Je me dis que ça y est, je vais encore me faire reprendre. Au lieu de ça, elle me dit calmement : « Tu as quelque chose à dire. Tu ne sais pas encore bien comment l'écrire, mais tu as une voix. On va travailler ça. »

Elle me propose des cours en plus : après les heures de classe, parfois sur la pause de midi, parfois en fin de journée. On reprend mes phrases, on corrige, on reformule. Elle m'explique pourquoi tel mot plutôt qu'un autre. Et elle me répète souvent : « Quand tu sais mettre des mots sur ce que tu vis, personne ne peut parler à ta place. »

Avec elle, je comprends que le français n'est pas seulement une matière scolaire. C'est un pouvoir : le pouvoir de raconter, d'analyser et de répondre.

Madame Marquès m'a aidé à nommer ce que je vis, pour ne pas laisser les autres le faire à ma place. C'est une leçon que j'ai fini par comprendre – mais pas dans l'immédiat.

La conseillère de « désorientation »

Il y a des personnes qui font émerger ton potentiel et d'autres qui peuvent, au contraire, t'enfermer dans la mauvaise case. Dans mon parcours scolaire, je ne rencontre pas que des Michel ou des Madame Marquès. Je rencontre aussi une conseillère d'orientation.

Je revois très bien la scène.

Un petit bureau d'orientation, un jour gris, à la sortie du collège. Une table, trois chaises, un classeur, des fiches métiers. Et cette phrase qui tombe, comme une décision déjà prise : « Pour toi, ce sera un BEP électrotechnique. »

Je me demande pourquoi. Pourquoi moi ? Pourquoi ça ? Je n'aime pas l'électricité. Je n'aime pas les câblages, les schémas, les circuits. À la maison, quand il faut changer une ampoule, je regarde toujours ça avec méfiance, presque avec peur.

Pourtant, dans ce bureau, je ne dis rien. C'est la conseillère d'orientation. Celle qui a les dossiers, les statistiques, le ton assuré. Comment la contredire ? Comment dire non, quand on t'explique que c'est ce qui est « réaliste » pour toi ?

Je finis par croire qu'elle sait mieux que moi qui je suis et que mon avenir semble tenir là – sur cette fiche qu'elle a prise, dans une pile parmi tant d'autres.

À l'intérieur de moi, pourtant, tout vibre du côté de l'humain : les relations, le social, la vie de groupe, les échanges. Mais ça, personne ne me le demande ce jour-là. Alors je m'inscris dans un lycée professionnel, à Évry.

Le BEP électrotechnique… c'est un mur.

Je me souviens d'un de mes tous premiers cours : l'odeur du métal, le bruit sec des outils sur les établis, les fils multicolores qu'il faut dénuder, brancher, visser. Autour de moi, certains sont à l'aise, presque passionnés. Moi, je regarde le tableau électrique comme on regarde un texte dans une langue étrangère.

Un jour, un prof pose une question simple pour lui, compliquée pour moi. Je ne sais pas répondre. Il lève les yeux au ciel, lâche un soupir : « C'est pourtant pas compliqué… » Cette phrase, ce regard, je les prends comme une gifle.

Et en parlant de gifle… il y a aussi des embrouilles à l'école. Tellement d'embrouilles, que je finis par me faire virer. Ma tante se dit qu'il vaut mieux que j'aille ailleurs – plus loin, là où je n'aurai pas mes amis.

Alors, je quitte le lycée professionnel Baudelaire, à Évry, et je me réinscris à Jean Perrin, à Longjumeau.

Là-bas, c'est un peu plus calme, oui. Mais malgré ma bonne volonté, l'électrotechnique, ça ne rentre toujours pas. Petit à petit, je me convaincs que le problème, c'est moi. Que je ne suis pas fait pour les études.

Alors que la vérité, c'est que je ne suis juste pas au bon endroit.

La salle de boxe… et Bouba

Il y a un endroit, en revanche, où je me sens bien : la salle de boxe. À cette époque, c'est ma deuxième maison. L'odeur du cuir des gants, les sacs qui claquent, les cordes à sauter qui frappent le sol. Les grands du quartier. Et en particulier, Bouba – mon coach.

Pour moi, Bouba n'est pas seulement un entraîneur de boxe. C'est un grand frère. Quelqu'un qui te regarde droit dans les yeux, sans te juger, mais sans te laisser tricher avec toi-même.

À la salle, Bouba gère tout : les inscriptions, les groupes d'ados, les petits qui découvrent le ring, les anciens qui passent dire bonjour. Il est champion du monde de boxe thaïlandaise. Il aurait pu partir, chercher une carrière ailleurs. Mais il a choisi de rester. De faire grandir ses enfants ici. Et, quelque part, de s'occuper de ceux des autres aussi – de gamins comme nous.

Bouba est aussi directeur du service municipal jeunesse. Après les entraînements, quand certains sortent pour fumer, traîner, ou partir en embrouille, il me retient souvent : « Reste un peu, on a du taf au centre. Tu vas voir comment on prépare une activité, comment on parle aux parents, comment on gère les jeunes. » Il me fait passer de la salle de boxe au bureau d'animateur, du jogging-gants aux réunions avec la mairie de Grigny, sans me le présenter comme quelque chose d'extraordinaire. Pour lui, c'est normal que les jeunes participent.

Je n'ai pas la formation pour travailler dans ce secteur, mais lui voit quelque chose en moi. Une façon d'être avec les autres. Une posture. Me prendre avec lui, c'est sa manière de m'envoyer un message très clair : *je ne veux pas te voir traîner pour rien. Tu as mieux à faire. Tu as une place.*

Un jour, dans la salle vide après un entraînement, on range les gants et les protège-dents. Je lui parle d'une activité que je fais avec des jeunes. Je lui dis que parfois, j'ai l'impression qu'ils ne m'écoutent pas, qu'ils ne me prennent pas au sérieux. Il me regarde calmement et me répond : « Si tu veux aider les autres, commence par ne jamais te croire au-dessus d'eux. »

Lui, le champion, le directeur, pourrait me regarder de haut. Au contraire, il se met toujours à mon niveau. Il me considère comme un petit frère, mais jamais comme quelqu'un d'inférieur à lui.

Cette phrase devient pour moi une boussole. Elle m'apprend que l'humilité n'est pas une posture qu'on affiche, mais une force qu'on incarne. Avec Bouba, je comprends que se tenir droit ne veut pas dire écraser les autres. Ça veut dire rester à hauteur d'homme.

De l'école au studio

Pour aller à Longjumeau, je me lève tôt. Je prends le RER, parfois plus d'une heure de trajet, serré parmi les travailleurs, les lycéens, les visages fatigués du matin. C'est dur, mais j'ai fait le choix d'un établissement loin de ma cité pour m'en sortir. Je me souviens de ces matins d'hiver, dans le froid, à attendre le train, les mains dans les poches, à me répéter : *tu ne peux pas lâcher. Pas maintenant. Pas comme ça.*

Je ne manque quasiment jamais un cours. Peut-être aussi parce qu'à la maison, l'absence à l'école n'est pas une option.

Mais le jour des résultats du BEP… c'est l'effondrement. Pendant que les autres se félicitent, parlent déjà de la suite, mes notes me rappellent une vérité brute : l'assiduité ne suffit pas quand on est à côté de sa voie. J'ai ce mot qui tourne en boucle dans ma tête : *raté.*

Avec le recul, je sais que cet échec aurait pu me briser. Me mettre à l'écart. Me faire croire que je ne vaux pas grand-chose. Mais c'est aussi à ce moment-là que quelque chose s'ouvre ailleurs.

En parallèle de cet échec scolaire, il y a un autre terrain, un autre espace : les associations de quartier.

Je me souviens d'un local au pied d'une barre d'immeuble.

Une salle pas très grande. Une sono un peu fatiguée, quelques platines, des câbles qui traînent – ceux-là, je les aime bien. Des affiches d'anciens événements collées de travers sur les murs. Là, on ne me demande pas si je sais résoudre une équation ou lire un schéma électrique. On me dit plutôt : « Tu peux t'occuper des jeunes ? Tu peux animer ? Tu peux mettre un peu d'ambiance ? »

Et moi, je sens que je respire.

En arrivant en France, j'avais mis ma passion pour la musique en pause, le temps de m'adapter, de comprendre ce nouveau monde. Mais en grandissant, elle revient. Plus forte. Alors, quand on me propose de devenir DJ dans une maison de quartier, j'accepte.

C'est donc à ce moment que les choses commencent vraiment pour moi au niveau de la musique.

Je me revois à la maison de la jeunesse Pablo Picasso, de G2 : au début, c'est presque du bricolage. Une platine qui fonctionne, l'autre qui saute. Un micro qui grésille. Des câbles à moitié dénudés – tiens, l'électrotechnique me rattrape… mais cette fois, au service de quelque chose que j'aime.

Pour moi, ce n'est pas juste « mettre de la musique ». C'est ma première scène. C'est choisir les titres qui parlent aux jeunes. Passer des sons qui nomment ce qu'on vit. Faire danser des corps fatigués par les galères. Rassembler ceux qui, dans la rue, ne se parlent pas forcément. Transformer un simple local avec néons et murs blancs en lieu de vie, de chaleur, de fête.

Un soir, un éducateur nous laisse la salle. J'ai préparé ma playlist : un mélange de rap français, de sons US, de rumba congolaise et de dancehall.

Au début, la salle est presque vide. Puis des jeunes entrent timidement, collés aux murs. Je monte le son sur un morceau que tout le monde connaît. Un couple commence à danser. Puis un autre. Puis un groupe de filles crie, rigole, avance vers le centre. En une heure, la salle est pleine. Ça transpire. Ça chante. Ça oublie.

Ce soir-là, je comprends que la musique, c'est plus qu'un loisir : c'est un pouvoir. Le pouvoir de faire exister des gens qu'on ne voit jamais dans les journaux autrement que comme des problèmes.

Blaise et 147 Records

C'est par la musique que je rencontre Blaise. À l'âge de dix-sept ans.

Blaise, c'est un grand frère, un modèle pour le quartier. Il est passé dans un article de *Paris Match* qui parlait de notre ville. Toujours bien habillé, souvent en Lacoste, avec cette force tranquille qu'on respecte sans même qu'elle ait besoin de s'imposer. Il ne parle pas pour rien – mais il impose le respect. Il est connu dans la ville et dans les alentours. Et c'est quelqu'un que je prends pour exemple.

Blaise est le producteur d'un groupe très connu en Essonne : Code 147. Des « grands » qui rappent et font les choses sérieusement, qui portent une énergie positive pour la ville de Grigny. À ce moment-là, ils n'ont pas vraiment de DJ « à eux » : ils appellent des gens quand ils ont un besoin, parfois bons techniquement, mais sans lien avec le quartier. Moi – alias « DJ Nesta » – je suis de la ville. Et j'anime des ateliers DJ dans le quartier. Je les connais. Je connais leur histoire. Eux savent d'où je viens, il y a du feeling.

Un jour, Blaise et un autre ancien, Taro OG, me contactent pour un concert qu'ils veulent organiser pour la sortie de l'album de Code 147. Un gros événement, à Sidney Bechet, à Grigny. Sur le papier, c'est simple : une date, une salle, un groupe, une affiche. En vrai… c'est tout sauf simple.

La veille du concert, on est censés se reposer, mais on passe finalement toute la nuit à résoudre des imprévus. Il y a toujours un nouveau problème : des groupes à rappeler, du matériel à trouver, des détails à régler. À minuit passé, on est encore dans un local à la Grande Borne, entourés d'affiches, de listes, de papiers froissés.

Fatigué mais calme, Blaise me dit que si le lendemain, les gens viennent et qu'il manque un truc, ou si le son est nul, on passera pour des guignols. Après un silence, il ajoute : « Tu voulais faire les choses sérieusement, non ? Quand tu veux faire les choses sérieusement, tu dors moins que les autres. » On continue à bosser jusqu'à quatre heures du matin.

Cette nuit-là, je comprends que l'événement, ce n'est pas la scène : c'est tout ce qui la précède. Tout ce qui ne se voit pas.

Le lendemain, quand je vois la salle se remplir, je repense à ces heures invisibles. Et je comprends la différence entre rêver et construire. Se positionner, parfois, c'est accepter de tenir quand les autres dorment.

Blaise et Taro finissent par fonder une maison de production : 147 Records. On est à Grigny, on n'a pas les moyens des grosses structures parisiennes – mais on a une salle, des micros, et surtout, une vision.

Blaise ne se contente pas de nous dire : « Faites du son. » Il m'apprend à monter des dossiers de presse, à gérer un budget, à organiser un concert, à respecter des horaires, des engagements, des équipes techniques. À me structurer avec *rigueur*. Il voit en moi plus qu'un jeune DJ : il me traite comme un producteur en devenir.

Tu peux faire quelque chose

Avec Bouba, avec Blaise, avec des DJs reconnus qui me coachent, je comprends ce que c'est qu'un grand frère de quartier.

Ce ne sont pas toujours ceux qui parlent le plus fort. Souvent, ce sont ceux qui observent, qui repèrent les fragilités et les potentiels chez les plus jeunes. Ils ne te laissent pas t'installer dans la facilité. Ils viennent te chercher et te disent : « Viens à la salle, viens au centre, viens au studio. »

Ils ont une intelligence humaine rare : comprendre les gens, leurs émotions, leurs colères, leurs doutes. Repérer un potentiel, comme l'a fait Madame Marquès, et refuser de t'assigner à la mauvaise case, contrairement à ma conseillère d'orientation au collège. Ces figures sont précieuses parce qu'elles t'arrachent doucement aux endroits où tu pourrais te perdre. Elles ne te donnent pas des leçons : elles te donnent une place et t'apprennent à la tenir.

On croit souvent qu'on est livrés à nous-mêmes, que les problèmes sont trop lourds et qu'on ne pourra jamais changer grand-chose. Mais quand quelqu'un croit en toi, te confie une responsabilité, te donne du temps, alors tu commences à te dire : « Peut-être qu'il y a une autre voie. Peut-être que je peux, moi aussi, apporter quelque chose. »

Les figures déterminantes, ce sont ces personnes qui t'aident à trouver ta place : découvrir qui tu es, puis choisir ce dans quoi tu veux t'investir – et ce dont tu décides de te détourner.

Ces personnes n'ont pas été seulement des repères. Elles ont été *des tremplins*. Et sans que je m'en rende compte, elles m'ont préparé à la suite.

Chapitre Quatre

·

Sortir du rôle de spectateur

En 1997, on déménage de Grigny. Ma tante a trouvé un appartement plus grand. Notre nouvelle adresse : Vitry-sur-Seine. Plus d'espace, plus de chambres, un meilleur équilibre… du moins sur le papier. Ma tante fait avec : on mange à notre faim, on va à l'école. Les difficultés sont là, mais elle veille à ce qu'on ne manque de rien.

Je déménage de Grigny, oui – mais je ne la quitte pas. Je traîne autant à Vitry qu'à Grigny. Parce qu'à Grigny, j'ai mes repères : mes potes, les grands du quartier, une notoriété, et la musique.

À cette époque, la musique, c'est simplement mon refuge. Un endroit où je peux m'évader. Et puis, sans que je m'en rende compte, ma passion change de rôle.

Quand j'ai pris part sans le savoir

Un jour, deux groupes de jeunes commencent à s'échauffer. Rien de spectaculaire au départ. Des vannes, comme souvent. Une partie de foot improvisée. Un petit pont de trop. Un rire mal pris. Je sais comment ça risque de finir : à Grigny, ce genre de détails peut suffire à mettre le feu.

Les voix montent. Les corps se rapprochent. Les regards changent. Je connais presque tout le monde. Je sais d'où chacun vient. Je sais aussi quelles histoires familiales, quelles colères sont cachées derrière ces visages.

Alors je m'avance. Je ne crie pas. Je ne prends pas parti. Je m'adresse à celui que je connais le mieux. Je lui parle calmement, presque comme on parle à un frère : « Tu sais très bien que si tu pars en vrille, tu vas encore le regretter. Tu vas être convoqué. T'embrouiller avec ta mère. Pour quoi, au final ? »

Je vois qu'il hésite. Je continue sans le brusquer. Je dédramatise, je plaisante un peu. Puis je lui propose de remonter avec moi, d'écouter un son, de laisser retomber. La tension redescend presque aussitôt. Chacun fait semblant de passer à autre chose, comme si rien ne s'était passé. Mais moi, *je sais*. Je sais que si je n'étais pas intervenu, ça aurait pu dégénérer. Ça aurait pu partir beaucoup plus loin.

Et ce moment marque quelque chose en moi. Sans statut, sans badge, sans autorité officielle, j'ai réussi à apaiser une situation.

Je prends conscience que parfois, il faut oser passer à l'acte. Commencer petit, mais commencer. Avec les outils que tu as.

Faire quelque chose d'utile

Les maisons de quartier, les services municipaux de la jeunesse (SMJ), ce sont nos refuges. Des endroits où, pour quelques heures, on peut oublier les embrouilles, les contrôles de police, les tensions à la maison, les mauvaises notes, les humiliations invisibles.

Je me rappelle une soirée en particulier. La salle est pleine. Les jeunes arrivent par groupes. Certains viennent pour la musique. D'autres juste pour traîner. D'autres encore parce qu'ils n'ont nulle part où aller. Je lance un son. Je vois des têtes se mettre à bouger. Des sourires apparaître. Des discussions se lancer. Et je me dis : « Là, maintenant, je fais quelque chose d'utile. »

Sans le savoir, c'est ma première expérience de gestion de groupe. Ma première lecture d'ambiance. Mes premières scènes de médiation aussi, quand je sens qu'une tension monte sur la piste et que je dois la calmer avant que ça dérape. La musique me sert d'outil : un moyen de tenir un collectif, d'éviter qu'une tension explose, de proposer une autre voie.

Un jour, après un atelier, un jeune vient me voir et me dit : « Frère, grâce à toi, j'ai envie d'apprendre à faire du son. Avant, je croyais que ce n'était pas pour nous. »

Cette phrase compte plus pour moi que beaucoup de notes à l'école. Je découvre que je peux avoir un impact, que je peux transmettre quelque chose.

Les studios sauvages et les égos à gérer

Un ou deux ans plus tard, je passe à la production de rap.

Et on enregistre souvent dans des conditions catastrophiques : micros basiques, PC qui bogue, câbles rafistolés au scotch.

Un jour, on réserve un créneau de studio pour un groupe du quartier. Ils arrivent avec leurs textes, leurs potes, leur confiance. Mais le groupe d'avant déborde sur l'horaire. Et là, dans le couloir, la tension monte.

— C'est à nous maintenant !
— On a pas fini frère, on a encore un couplet à poser !
— On a fait la route pour venir jusqu'ici, c'est mort, on attend pas une heure de plus !

L'ingé son, dépassé, ne comprend pas ces histoires de créneaux partagés, de respect d'horaires, de susceptibilités. Pour nous, ce n'est pas juste du temps de studio : c'est notre chance d'exister. Alors ça s'échauffe vite.

Je m'interpose. Je calme les uns et les autres. Je renégocie les temps de passage. Je rassure l'ingé son. Je promets qu'on ne cassera rien. Ce jour-là, je découvre en pratique ce que ça veut dire : fédérer des groupes, gérer des égos, trouver des solutions techniques, négocier, convaincre des adultes que notre activité a du sens.

Transformer un mur en porte

De cette dynamique naît l'association 147. Les grands du quartier me font confiance et me laissent coordonner.

On a repéré un studio d'enregistrement pas loin de chez nous. Un vrai, financé, équipé… mais visiblement pas pour nous. Oui, le lieu existe, il est là. Mais certains jeunes, surtout ceux qui font du rap, n'ont pas l'air d'y être les bienvenus. Avec le rap, ce n'est pas juste une musique qu'on rejette : ce sont des visages, des corps, des histoires qu'on ne veut pas voir. On comprend très vite qu'il y a des portes qui s'ouvrent pour les uns et qui restent fermées pour les autres. Alors, avec 147, on mène un combat très concret : obtenir l'accès à ce studio.

La première fois que j'y entre officiellement pour parler d'un projet, je me sens étranger. Des affiches de groupes de rock aux murs. Des guitares accrochées. L'un des gestionnaires est là, derrière une grande console, l'air sérieux, presque méfiant. Pour lui, notre musique, c'est de la « voyoucratie ».

Je lui explique notre idée : faire venir des jeunes du coin, enregistrer, apprendre la musique assistée par ordinateur (MAO) et se former. La personne me regarde et me dit sans filtre : « Moi, je ne veux pas de ça ici. » Il est convaincu que le rap finit toujours en histoire de cité, de règlement de compte, de problèmes.

Je me prends cette phrase comme une gifle. C'est ça, la violence symbolique : pas de coups, pas d'insultes directes. Mais un refus de reconnaissance. Le message est clair : votre culture n'est pas légitime ici. Ce lieu n'est pas pour vous.

Mais on ne lâche pas. Avec l'association 147, on s'organise, on se structure. On monte un dossier auprès du service culturel de cette ville. On propose un cadre, des règles, des horaires.

Et petit à petit, ils finissent par accepter.

On met en place des ateliers de MAO. Le studio devient un espace de création, un lieu d'apprentissage technique, mais surtout un lieu de valorisation des jeunes.

Je garde en tête l'image d'un jeune qui, après avoir enregistré son premier morceau, reste devant la vitre du studio, silencieux, en écoutant sa propre voix dans les enceintes. À la fin, il dit juste : « C'est moi, ça ? On dirait un vrai rappeur. »

Ce jour-là, je comprends plus clairement que la culture n'est pas seulement du divertissement. *C'est une arme de dignité.* Un outil politique, au sens noble : permettre à des jeunes invisibilisés d'exprimer leur voix, de prendre la parole et d'exister autrement.

La rixe de trop

À côté de la musique, il y a la réalité brute. Celle qui revient te chercher même quand tu essaies d'y échapper.

On est au cœur de ce que nous, on appelle le « Triangle des Bermudes » : Grigny, Évry, Corbeil. Les tensions entre quartiers sont constantes. Histoires de regards. Égos mal placés. « Tu viens d'où ? » « T'es de quel bloc ? » Les rixes se multiplient.

Et puis un jour, on apprend la mort d'un jeune. Un gars qu'on connaît de vue. Un gars qu'on a croisé au lycée, dans une gare, dans une soirée. Pas un inconnu.

Là, quelque chose se brise en moi. Jusqu'ici, on avait l'impression que c'est la vie du quartier. Que c'est « comme ça ». Qu'il y a toujours eu des histoires entre villes. Qu'on n'y peut rien. Mais quand tu vois un gars de ton âge – qui pourrait être toi, ton cousin, ton ami – finir au sol pour une histoire de territoire, tu ne peux plus appeler ça normal. Ce n'est plus une bagarre. C'est une perte *irréversible.* Une mère qui ne verra plus son fils. Des proches qui porteront ça toute leur vie.

Ce jour-là, en moi, ça dit STOP.

Pas un stop de façade. Un stop profond : on ne peut plus continuer comme ça. On ne peut plus se contenter de commenter.

Transformer la rage en projet

À partir de là, une question ne me lâche plus : qu'est-ce qu'on peut faire, nous, avec ce qu'on a, pour changer quelque chose ? Je n'ai ni pouvoir, ni millions, ni gros réseaux. Mais j'ai quelque chose : la musique.

Je vois bien que beaucoup de jeunes ont du talent. Des choses à dire. Une plume. Une capacité à raconter leur vie. Alors une idée germe : et si on transformait cette colère en musique ? Et si on donnait une forme à cette rage, au lieu de la laisser exploser dans la rue ? C'est comme ça que naît le projet de compilation *La Kolère de la Banlieue Sud.*

Cette mixtape, ce n'est pas seulement un projet musical. On ne veut pas juste enregistrer des sons sur une cassette. C'est un cri collectif.

Dès le départ, l'idée est simple :

— Lutter contre les rixes interquartiers en proposant un autre terrain d'affrontement : non plus la rue et les poings, mais le studio, la scène, les mots.

— Révéler les talents. Montrer qu'on ne produit pas que des « problèmes », mais aussi des artistes, des auteurs, des interprètes capables de représenter la Banlieue Sud avec fierté.

Je dis aux jeunes : « Votre colère est légitime. Mais si vous ne lui donnez pas une forme, elle va vous détruire – et détruire d'autres. »

Quand tu as les clés pour agir, tu ne peux plus rester spectateur : il faut passer à l'acte.

On organise le projet comme un pont : faire rencontrer les jeunes rappeurs de la Banlieue Sud et des artistes reconnus. Chaque jeune groupe est parrainé. Pas pour faire joli. Pour donner un signe : *vous existez*.

Pour beaucoup, ça change tout : ils bossent plus sérieusement, ils soignent leurs textes, ils se dépassent. Ils se rendent compte qu'ils peuvent être autre chose qu'un « jeune de quartier ».

Et surtout, pour enregistrer, répéter, préparer des concerts, des jeunes de villes qui, d'habitude, se croisent en mode tension, se retrouvent autrement : en studio, en coulisses, en réunion de préparation. Petit à petit, des gars qui ne se seraient jamais parlé se mettent à bosser ensemble. Des rivaux se découvrent un projet commun. Des quartiers qui se calculaient à peine se retrouvent à organiser un même événement.

Est-ce que ça règle tout ? Non, mais ça ouvre une brèche. Ça montre qu'il existe une autre manière d'exister. Une autre manière d'être fort.

Choisir le micro plutôt que la descente

Un soir, à la maison de quartier, je vois débarquer un jeune que je connais bien. Il est tendu. Énervé. Prêt à descendre pour une histoire de règlement de comptes.

Je sais d'où il vient. Je connais sa famille. Et je sais surtout une chose : il a du talent, un vrai. Il écrit depuis des années. Il a déjà posé en studio. Il rêve de musique, même s'il ne le dit pas trop fort.

Je le prends à part et lui parle calmement : « Si tu y vas ce soir, il peut se passer trois choses : soit tu te prends un coup, soit tu donnes un coup, soit tu finis au poste. Dans les trois cas, tu perds. Moi, j'ai un autre plan. »

Je lui dis que samedi, on organise des sélections pour la mixtape. Qu'il peut représenter son quartier autrement : pas avec des coups, mais avec des mots. Pas dans la rue, mais en studio. Je pose les choses simplement : « Tu choisis. Soit on se souvient de toi comme d'un gars qui a gâché sa vie pour une embrouille. Soit comme d'un gars qui a posé son couplet sur un projet qui parle pour tout le monde. »

Il hésite. Serre la mâchoire. Regarde son téléphone. Puis il lâche : « Vas-y, je viens samedi. Mais c'est la dernière fois que je laisse passer. »

Le samedi, il arrive en studio un peu en retard, encore sur la défensive. Il pose son texte. La voix tremble au début. Puis elle se pose. Quand on réécoute la prise, tout le monde hoche la tête. Il y a quelque chose. À la fin, il me dit à voix basse : « Heureusement que j'suis pas parti l'autre soir. Ça aurait pu mal tourner. »

Ce jour-là, je comprends que remplacer un terrain de confrontation par un terrain artistique, ce n'est pas naïf. Ce n'est pas fuir la réalité. *C'est la transformer.* À notre échelle, avec nos moyens, mais de manière concrète.

Et quand tu as goûté à ça, tu ne reviens pas en arrière.

CHAPITRE CINQ

·

Subir l'urgence ou la transformer

La Kolère de la Banlieue Sud sort officiellement en 1999. La mixtape circule, elle tourne bien : un vrai succès.

À côté de ça, je fréquente les services municipaux de la jeunesse après les entraînements de boxe avec Bouba — il est directeur d'un SMJ. Il me fait signer un de mes premiers contrats de travail : un « emploi jeune ». On anime pas mal d'activités : des ateliers à Grigny, mais aussi des voyages. Je me souviens par exemple d'un séjour socio-éducatif qu'on organise en Espagne. L'idée est simple : permettre à des jeunes qui sortent peu du quartier de découvrir une autre culture.

Ça me plaît. Être avec eux, organiser, accompagner, voir ce que ça déclenche. J'apprends beaucoup… et en même temps, je sens que j'ai envie d'aller plus loin.

De la *Kolère* à la *Justice*

Les voyages dans les pays voisins, c'est top… mais au fond, j'ai envie d'emmener nos jeunes plus à l'est, là où les difficultés prennent racine. Leur montrer ce que signifie vraiment manquer. Leur faire toucher du doigt la chance qu'ils ont, malgré tout, de vivre en France, avec ce qu'ils ont déjà entre les mains. Leur faire réaliser que la vie ne s'arrête pas aux limites d'un quartier ou à des problèmes franco-français.

Il faut savoir qu'à cette époque, je continue à faire pas mal de choses sur Grigny, mais j'habite à Vitry-sur-Seine depuis 1997. Sur le papier, mon arrivée ici pouvait ressembler à une rupture. En réalité, ça a plutôt été un passage. Une transition.

Parce que Vitry, à ce moment-là, respire le rap. Une vraie scène. Les *Fêtes du Lilas*, des soirées, des DJs, des crews, des noms qui circulent comme des légendes. Ici, tu sens que la musique n'est pas juste un hobby. C'est de Vitry que viennent Rud Lion, Sté, 113, la Mafia K'1 Fry, Lionel D, Rohff… toute une génération qui allait marquer le rap français. Et à cette époque, si tu fais du rap et que tu peux dire que tu viens de Vitry, c'est comme si tu étais déjà « dans le game ». Une sorte de label automatique.

Je suis arrivé à Vitry dans cette période « d'âge d'or », comme si ma vie suivait son propre chemin, et la musique m'a clairement permis de m'intégrer vite. De faire partie d'un crew – FDM de la Cité Vanoise – et aussi, d'être au contact d'autres artistes qui m'inspirent.

Je suis justement marqué par le projet d'un grand frère, qui a réussi à mobiliser des rappeurs pour soutenir des enfants à Bangui, en Centrafrique. Je trouve ça puissant. Et ça me renvoie à mes propres racines.

Je me dis : j'ai beaucoup parlé des quartiers, ça a marché… mais je ne peux pas faire comme si le reste du monde n'existait pas.

On est au début des années 2000. Il y a la guerre en Angola ; elle touche à sa fin, mais elle laisse derrière elle des mines antipersonnel. De grandes campagnes de Médecins Sans Frontières envahissent les gares et les trains : on y voit des images d'enfants mutilés, de corps brisés, de vies détruites. Ça me touche profondément. D'autant plus que ma mère, d'origine angolaise, a elle-même fui la guerre en Angola dans son enfance pour émigrer au Congo. Ces images réveillent quelque chose de très personnel.

Je me demande comment, à mon niveau, je peux apporter ma pierre. Mon outil, c'est la musique, et j'habite à Vitry. Il y a peut-être quelque chose à faire.

Je me dis que si chaque rappeur pose un texte sur cette idée-là – la justice, la dignité, la violence, l'indifférence – on pourra peut-être faire bouger quelque chose, même à notre niveau.

Alors, avec les jeunes, on commence à réfléchir à un projet humanitaire. L'idée est simple : sortir des ghettos, ouvrir les yeux et confronter les réalités. Pas par voyeurisme, mais pour comprendre, relativiser et grandir.

Dans nos têtes, le projet se fait en deux phases. D'abord, on mobilise nos propres moyens pour collecter de l'argent, qui servira à soutenir les actions que Médecins Sans Frontières mène sur le terrain en collaboration avec l'Ordre de Malte. Ensuite, on va sur place – en Angola – avec eux. Notre moyen pour collecter de l'argent ? Une compilation de musique, qui portera le nom de *Justice dans le Monde*.

MSF et la compilation humanitaire

L'idée est simple, mais ambitieuse : faire ce qu'on avait réussi à faire avec *La Kolère de la Banlieue Sud*, mais à l'échelle internationale. Rassembler des voix différentes, parce qu'autour de moi il y a des jeunes de tous horizons, et donner à ces voix une même direction, une même question : qu'est-ce qu'on dit, *nous*, de ce qui se passe dans le monde ?

Il a fallu convaincre Médecins Sans Frontières et l'Ordre de Malte de travailler avec nous. Je me revois entrer dans une salle de réunion un peu trop propre à mon goût : tables bien alignées, chaises en plastique, vidéoprojecteur. En face de moi, des gens en chemise, des représentants de MSF.

Ils me demandent d'expliquer pourquoi une compilation de rap peut parler de justice dans le monde. Comment des jeunes de quartier peuvent se sentir concernés par des enfants en Angola. Ce que je compte faire avec les fonds récoltés.

Je n'ai pas les mots techniques, le jargon des ONG. Mais j'ai autre chose : la conviction. Je leur dis, en substance : « Nous, dans nos quartiers, on connaît la violence, l'injustice, l'abandon. Quand on voit des enfants qui sautent sur des mines à l'autre bout du monde, ça nous parle. On veut juste apporter notre pierre, avec ce qu'on sait faire – la musique. »

Ils acceptent.

On lance la production de l'album en 2001. On est une trentaine d'artistes à participer. Mon rôle, c'est de rassembler : aller voir les artistes, les convaincre, les faire venir au studio. Payer les sessions. Coordonner les enregistrements. Et garder une cohérence humaine et artistique, pour que tout tienne ensemble.

La première phase fonctionne : *Justice dans le monde* sort officiellement en 2002. On produit d'abord la mixtape en indépendant, puis on signe avec un gros distributeur pour assurer la diffusion. La compilation nous permet de mobiliser nos propres fonds : on collecte de l'argent pour soutenir les actions humanitaires de MSF.

Dans notre imaginaire, on visualisait déjà la suite. On pensait partir en Angola avec nos partenaires, et emmener plusieurs personnes avec nous sur place. Mais la deuxième phase de notre projet bloque : il y a trop de risques. Aux yeux des organisateurs, on est trop jeunes et, surtout, on n'est pas préparés à ce type de situations – celle d'un pays qui sort d'une guerre civile.

Sur le coup, on ne comprend pas. On vit ce refus comme un échec. Plus tard, je finirai par reconnaître qu'ils avaient raison… et que nous, on n'avait pas vraiment conscience de tous les enjeux.

Il n'empêche que *Justice dans le monde* a fait naître quelque chose en moi.

Ce partenariat humanitaire m'a prouvé une vérité simple : mon expérience des quartiers n'est pas un handicap. Ce que j'y ai appris – le lien, la solidarité, l'écoute, ma manière de poser des mots sur ce qu'on vit – est une force qui peut servir à d'autres, à condition de savoir la transformer en action.

Des mixtapes à mon premier vrai papier d'État

Vers cette période, Bouba me parle du brevet d'aptitude aux fonctions d'animateur (le BAFA). « Tu aimes être avec les jeunes, tu comprends le quartier. Tu peux en faire un métier.

Va te former. »

Sur le moment, j'ai presque ri. Tenter d'avoir un diplôme ? Encore ? Avec mon passé scolaire ? Mais c'est vrai que j'ai cette facilité avec les jeunes. Et Blaise, lui, m'a appris la rigueur, le professionnalisme dans la musique. Si je veux garder cette exigence, il me faut des outils pour bien faire les choses dans le social et dans l'humanitaire.

Alors je décide d'essayer.

Je me souviens du stage de base : une salle pleine de futurs animateurs, des jeux brise-glace, des mises en situation, des débats sur les valeurs de l'animation. Et ces soirées où on prépare des veillées jusque tard, fatigués mais motivés ; comme si, d'un coup, on découvre un métier qui a du sens.

Le jour où je reçois la validation finale, je garde la feuille entre mes mains longtemps. Après le brevet, c'est mon premier vrai certificat. Officiel. Reconnu. Mon nom est là, noir sur blanc, avec cette mention simple, presque solennelle : *apte à exercer les fonctions d'animateur*.

Je rentre chez moi avec ce papier dans une enveloppe. Je le montre à ma famille. Pour certains, ça ne paraît pas grand-chose. Pour moi, c'est énorme. Moi qui sors d'un échec scolaire, je tiens en main la preuve que je ne suis pas nul. Que je suis capable. Et que l'État – cette grande machine parfois lointaine – me reconnaît le droit d'encadrer des enfants, d'animer un groupe, de prendre des responsabilités.

Le garçon « ingérable »

Avec le BAFA, je prends des groupes. Je me retrouve à

gérer des jeunes de mon âge ou presque dans les maisons de quartier. On essaie de faire notre boulot sérieusement : proposer des activités, occuper, éviter que ça traîne à droite à gauche.

Et très vite, je vois un décalage.

D'un côté, nous – sur le terrain – avec les jeunes. De l'autre, eux – les décideurs politiques locaux – qui nous répètent toujours les mêmes phrases : « On n'a pas de moyens », « On est sous tutelle », « On ne peut pas faire plus ». Résultat : les structures existent, mais tournent au ralenti. Les animateurs sont présents, mais parfois dépassés ; certains se réfugient dans l'administratif, laissent monter la frustration. Et les jeunes sentent vite quand on ne les prend pas au sérieux.

Dans nos quartiers, un jeune qui ne se sent ni considéré, ni compris, il ne part pas écrire une lettre au maire. *Il explose.* Il casse, il insulte, il provoque. Il peut aller jusqu'à se mettre – et mettre les autres – en danger. On finit par dire de lui qu'il est ingérable.

Un des souvenirs les plus marquants de cette période, c'est celui d'un garçon qu'on décrit partout comme ingérable. Il insulte les animateurs, provoque les autres enfants, casse du matériel. Un jour, après une énième crise, tout le monde en a marre : les animateurs veulent l'exclure, la direction du centre est à bout.

Je propose de rencontrer sa mère.

Elle arrive en retard, essoufflée, en s'excusant mille fois. Elle cumule deux boulots, n'a pas de voiture, doit s'occuper seule de plusieurs enfants. On s'assoit dans un bureau minuscule. Au début, elle se met sur la défensive, pensant qu'on va l'accuser d'être une mauvaise mère.

Puis, peu à peu, en parlant, les digues cèdent. Elle commence à pleurer. Elle raconte le père absent, les fins de mois impossibles, les nuits sans sommeil, les appels de l'école, la honte, la culpabilité. Ce moment me confirme quelque chose que j'ai finalement appris très tôt, dès mon enfance à Kinshasa : l'importance de prendre le temps de tisser du lien. Sans ça, les règlements ne servent à rien. Tu peux punir, exclure, sanctionner… mais tu ne transformeras rien en profondeur.

On fait donc ce qu'on n'avait pas fait avant : mettre en place un suivi spécifique pour son fils. Des temps de parole. Des responsabilités adaptées. Une continuité. Un cadre clair, mais bienveillant. Son fils ne devient pas un enfant parfait, mais les crises s'espacent. Il commence à nous regarder autrement, à nous faire confiance.

Mais demain, il y en aura un autre

Quelque temps plus tard, un après-midi, une mère de ma cité m'appelle en urgence. Son fils vient d'être exclu temporairement du collège. Elle me lit les mots de l'établissement : *provocateur, ingérable, irrespectueux*. Des mots qui collent à la peau. Des mots qui te condamnent avant même qu'on t'écoute.

Ma réaction est maintenant presque habituelle. Je passe voir le jeune, je parle avec la mère, j'appelle des adultes de confiance et on essaie de trouver une solution. Pas un miracle, juste une issue. Ce jour-là, on fait exactement ça. On parle. On comprend. On calme. On remet un peu de lien là où la tension a pris toute la place. Et le jeune reprend le collège.

Mais le soir, en rentrant, quelque chose me dérange. Je me dis : d'accord… on l'a aidé, lui. Mais demain, il y en aura un autre. Puis un autre. Est-ce qu'on va continuer à courir derrière les urgences sans jamais changer la manière dont se gèrent ces situations ? Est-ce qu'on va toujours intervenir après l'exclusion, après la rupture, après la colère… au lieu d'agir avant ?

On peut faire des choses, même sans grands diplômes, même sans badge. Je l'ai vu. Je l'ai fait. Tu peux éviter une embrouille en bas de ta tour, aider un jeune à retourner au collège ou sortir un projet musical interquartiers. Sauf que le lendemain, tout recommence.

Plus j'avance, plus je réalise que l'énergie ne suffit pas. Et là, une question me travaille : comment on fait pour que ça tienne ? Pour que l'action ne dépende pas seulement de la présence d'un « grand frère » au bon endroit, au bon moment ? À force d'agir, je comprends qu'il me manque quelque chose.

C'est là qu'une idée commence à naître. Pas une idée abstraite. Une idée concrète, à développer *sur le temps long*.

On imagine un dispositif de médiation entre le collège, les familles et les jeunes. Au lieu d'attendre la prochaine crise, on construit un cadre : un temps de dialogue régulier avec les parents, des ateliers d'expression pour les jeunes, et des temps de formation pour les équipes éducatives, pour qu'elles comprennent mieux les réalités du quartier, les tensions, les codes, les fragilités.

Ce qui commence comme un simple coup de main improvisé devient un projet structuré, pensé pour durer. Cette histoire m'apprend une chose essentielle :

*L'urgence te rappelle pourquoi tu es là. Mais le cadre
te permet de transformer, sur le long terme, ce qui
produit l'urgence.*

À partir de cette période, je ne suis plus seulement dans la réaction ou dans le projet ponctuel. Je ne veux plus subir l'urgence : je veux la transformer

Une alliance... pour la vie

Je travaille comme animateur socio-éducatif, je suis encore dans le rap et je commence à faire un peu de bénévolat dans une association locale. Mon engagement ne se construit pas en une seule grande action. Il se construit dans le quotidien, par une multitude de petits gestes.

Aider un jeune à écrire un texte plutôt qu'à aller se battre. L'emmener au studio, rester avec lui pendant des heures pour qu'il pose son couplet jusqu'à être fier de lui. Accompagner un voisin ou une tante pour des papiers – CAF, préfecture, logement, tout ça. Parler tard le soir avec un ancien du quartier qui ne comprend plus les jeunes, pour traduire un peu leurs codes et leurs colères. Et parfois, rattraper un pote qui veut aller casser pour « revendiquer ses droits », et lui dire : « Ce n'est pas en brûlant une voiture que tu vas obtenir ce qu'on te doit. Si tu veux peser, organise-toi, structure-toi, fais une asso, un projet, une action. »

Je cherche comment structurer *dehors*. Mais je sais aussi qu'il me faut un socle *dedans*, un endroit qui ne bouge pas quand tout le reste s'agite.

À l'été 2002, je fais justement une rencontre déterminante.

Au cours d'un voyage organisé en Martinique, je fais connaissance avec une jeune femme que j'avais croisée quelques fois auparavant, sans que nous ayons réellement eu l'occasion de discuter. Pendant ces deux semaines, loin de tout, loin de nos proches, on apprend à se découvrir, on échange sur la vie, sur nos choix. On s'encourage. À la fin du séjour, au moment de revenir en Île-de-France, je lui demande son numéro de téléphone.

A notre retour, on reste en contact. Il y a eu très rapidement une évidence entre elle et moi. Une entente naturelle. Une bienveillance réciproque. Puis des sentiments, de l'amour. Cette femme deviendra la femme de ma vie. On se marie quasiment un an jour pour jour après ce voyage.

Au départ, nos proches ne comprennent pas notre choix de nous engager aussi jeunes, aussi vite. C'est vrai qu'on a à peine vingt ans. Mais on est amoureux et on est convaincus de faire le bon choix, au bon moment. Très tôt, je sais qu'elle sera la mère de mes enfants.

On est différents : moi, je suis dans l'énergie, l'élan, l'intensité ; elle, dans le calme, la mesure, la sérénité. Et c'est justement là que notre couple fonctionne. Je la protège. Elle me soutient, avec sagesse et discrétion. Ensemble, nous ne renions jamais nos valeurs, ni nos convictions. On s'équilibre naturellement. Et cette paix que je trouve dans mon couple, elle est précieuse. Elle me permet de tenir dans la durée.

Ça peut paraître surprenant, mais j'ai toujours eu pour objectif de me marier jeune. Pas par pression, ni pour rentrer dans une case. Pour moi, le mariage, la famille, ce n'est pas un décor. C'est un choix de vie. Une boussole dans le bruit du monde. Un ancrage.

Je sais que c'est la fondation qui me permettra d'avancer sans jamais me perdre : une femme à aimer, une famille à bâtir, un foyer à protéger. Et à partir de là, tout le reste s'équilibre.

·

Plus qu'un animateur qui remplit des cases

Avec mon mariage, quelque chose s'installe doucement. DJ Nesta tire sa révérence : je ralentis sur la musique – pas par renoncement, mais par choix. Parce qu'un projet de vie commence à prendre forme. Aujourd'hui encore, ma femme et moi, on est ensemble, on s'aime et on a quatre enfants. Ce n'est pas un hasard. C'est le fruit d'un engagement quotidien, simple, exigeant et réel.

Sans cette stabilité familiale, sans ce socle, je n'aurais jamais pu m'impliquer autant, ni porter autant de projets par la suite. Parce que dehors, on te sollicite beaucoup, il y a pas mal d'agitation. Mais je sais qu'en rentrant, il y aura toujours un lieu sûr. Un endroit où je peux déposer.

Un cadre solide pour mieux avancer.

Du bénévolat à la présidence associative

Une fois mariés, on va s'installer dans une autre ville du Val-de-Marne. Et je vois des fractures partout autour de moi : des tensions entre générations, des voisins qui ne se parlent plus, des familles isolées, des jeunes qui traînent sans perspective. Pas seulement dans mon quartier, mais aussi dans les villes que je fréquente : à Grigny, à Vitry et dans les villes où j'interviens en tant qu'animateur socio-culturel ou bénévole associatif.

J'aimerais que les choses se passent mieux. Et je suis aussi maintenant convaincu que je peux aider à redonner un peu de vie et de dignité à ces lieux.

La vérité, c'est que personne ne s'en sort seul. On a tous un jour besoin de quelqu'un, quelque part, qui tend la main, qui accompagne, qui ouvre une porte. C'est vrai partout.

Et dans nos quartiers, l'entraide, ce n'est pas un concept théorique. C'est une évidence, un réflexe, un mode de survie collective. Quand une personne a faim, un centre d'action sociale peut lui dire : « le rendez-vous est dans trois semaines », « il faut remplir un dossier », « il y a une liste d'attente » ou « vous n'êtes pas la seule personne concernée ». Pendant que les institutions organisent, calculent, programment… la communauté de quartier, elle, réagit tout de suite.

J'ai vu des voisins offrir un repas à ceux qui n'osaient pas demander. J'ai vu des jeunes accompagner les plus petits pour éviter qu'ils ne glissent vers de mauvaises fréquentations. J'ai vu des familles entières se mobiliser pour soutenir une mère seule en difficulté. Cette solidarité brute, imparfaite parfois, mais profondément authentique, a toujours été ma première école.

C'est dans cet élan que je m'investis de plus en plus dans une association qui porte des actions de bienfaisance, en France et à l'international. La structure me propose rapidement d'en devenir président, et j'accepte.

Je me souviens de mes premières distributions alimentaires, en Essonne. Ces visages, ces sourires, les files d'attente aussi. À première vue, on pourrait croire que ce n'est « que » de l'aide alimentaire. En réalité, ce n'est que la partie émergée de l'iceberg. Derrière les colis, il y a des histoires de solitude, des violences intra-familiales, des parcours migratoires douloureux, des galères administratives, des dépressions silencieuses.

On commence par lutter contre le gaspillage alimentaire. On récupère des invendus, on les redistribue. Mais très vite, on comprend que le plus important n'est pas ce qu'on donne à manger, mais l'espace qu'on crée autour. Alors on ajoute des animations, un coin café, des temps d'échange. Les gens viennent pour les colis, mais restent pour parler. Il y a des enfants qui jouent, des mamans qui soufflent un peu, des anciens qui se sentent enfin écoutés.

Petit à petit, cette structure devient plus qu'un lieu de distribution : c'est un lieu d'accueil, d'écoute, de respiration. Et, sans faire de grands discours, ce lieu apaise des tensions dans le quartier.

Cette banque alimentaire me rappelle finalement quelque chose d'essentiel : il existe une force incroyable lorsque les gens se soutiennent et s'organisent pour faire face à un défi. Ici comme ailleurs.

Retour aux racines

Vers cette période, je décide de repartir à Kinshasa avec ma femme, pour un court séjour. Je veux qu'elle rencontre ma mère qui, à ce moment-là, a des soucis de santé.

Ce retour au pays me marque tout de suite.

À peine sorti de l'avion, la chaleur me frappe au visage. Une chaleur dense. Pleine. Immédiate. Une chaleur qui te colle à la peau, comme si elle te rappelait d'où tu viens.

Et je comprends, dès les premières minutes, que je ne reviens pas comme un enfant. Je réalise plus de choses. Je vois plus de détails. Je comprends aussi que je ne débarque pas dans « mon » Congo d'enfance, comme un prince qui retrouve son quartier : je suis presque devenu un étranger.

Pendant ce séjour, je passe du temps avec ma mère. Je ne l'ai pas vue depuis presque treize ans. Elle qui a vu un enfant de neuf ans partir sans trop comprendre, accueille aujourd'hui un jeune homme de vingt-et-un ans, marié et épanoui. Ça lui fait bizarre, et à moi aussi.

Ce séjour au Congo, c'est plus qu'un voyage. C'est presque une thérapie, comme si je recollais quelque chose en moi. Je renoue avec la terre qui m'a vu naître. Je retrouve celle qui m'a porté. Je revois ma famille. Et je sens que ça me remet droit, intérieurement.

Mais ce voyage a un deuxième objectif : rencontrer mon père. Comme il était séparé de ma mère à ma naissance, je n'ai pas vraiment eu de relation avec lui. C'est une page blanche dans ma vie. Mais quand je le rencontre, quelque chose se passe.

On s'entend tout de suite : une évidence. Je le regarde, je l'écoute, et je me surprends à reconnaître des choses – dans sa façon de parler, de se tenir debout, de réfléchir, de travailler. Comme si une partie de moi, que je ne pouvais pas expliquer jusque-là, prenait enfin une forme. La pièce de puzzle manquante dans ma construction en tant qu'homme. Et un lien qui, depuis ce jour, ne s'est plus jamais rompu : j'ai une entente exceptionnelle avec mon père, encore aujourd'hui.

Cette rencontre en 2004 m'a aussi permis de connaître Nancy et Chelsea, mes deux petites sœurs, adolescentes. On tisse tout de suite des liens forts – et à partir de là, quelque chose ne se recasse plus.

Les orphelins de Ndjili

Ce séjour est extrêmement riche, même au-delà du côté familial. En fait, le but de ce voyage est aussi de faire des visites de terrain, au nom de notre association socio-humanitaire basée en France. C'est dans ce cadre que j'ai l'occasion de me rendre dans un centre d'accueil qui reçoit des enfants à la journée. Notre association envisage d'accompagner sa transformation en orphelinat.

Le centre d'accueil pour enfants est à Ndjili – l'une des vingt-quatre communes qui composent la ville de Kinshasa. Là-bas, je découvre d'autres réalités locales.

Ndjili, ce n'est pas Gombe. Ce n'est pas la vitrine de la capitale du Congo, et encore moins un territoire central. Le centre d'accueil est implanté dans un quartier populaire, où les besoins sautent aux yeux. Les gens vivent au jour le jour, dans la débrouille, dans le « business », dans des arrangements qui te bousculent parfois.

Je suis là, et je vois des enfants orphelins de père et de mère. Je découvre que certains deviennent orphelins aussi parce que les parents sont partis travailler, puis sont morts loin de tout, laissant leurs petits dans une pauvreté extrême. Des enfants que des familles élargies, des oncles, des tantes, parfois simplement un parent restant, veulent nous confier parce qu'ils n'ont plus d'autre solution.

Et là, je me prends une pensée en pleine poitrine.

Moi, j'ai mon père et ma mère. Je ne sais pas ce que veut dire être orphelin. Mais ici, à Ndjili, je comprends une chose : ces enfants-là ne peuvent pas s'en sortir seuls. C'est une réalité.

Cette expérience marque un tournant. Elle m'ancre encore davantage dans une conviction : la solidarité, quand elle est réelle, commence toujours par la présence. Par le fait d'être là, de regarder les réalités en face et d'assumer ce que ça implique. C'est ce qui nous convainc, l'équipe associative et moi, de soutenir ce projet d'orphelinat.

Et peu à peu, le local et l'international se répondent : en France comme ailleurs, la dignité commence souvent par quelque chose de concret, de simple et de régulier. Ne plus se contenter de répondre à l'urgence, mais chercher à apporter une solution pérenne.

Toi, t'es « le gentil »

À partir de ce moment, je me rends régulièrement à Kinshasa – d'autant plus qu'à mon retour en France, l'équipe associative me demande de piloter le projet de Ndjili. Je gagne en expérience et en aisance, une marche après l'autre. J'apprends à jongler entre mes responsabilités familiales, associatives… et professionnelles.

Depuis que j'ai décroché mon BAFA, en 2003, je travaille dans différentes structures : centres de quartier, centres de loisirs, accueils de jeunes. Mais le voyage de 2004 m'a remué. Les orphelins m'ont bousculé. Ils m'ont ramené à une réflexion que j'avais eu à la fin de ma première journée en tant qu'animateur, dans un centre de loisirs avec des maternelles.

Je m'en souviens encore.

Je croyais que ce serait facile, mais je suis ressorti de cette première journée épuisé. Fatigué physiquement, mais aussi touché par la spontanéité des enfants, leur confiance immédiate, leur manière de s'accrocher à toi par la main. L'un d'eux, un jour, m'a agrippé la jambe et m'a dit : « Toi, t'es le gentil maître. » Ça m'a fait sourire… et réfléchir. Quel genre d'adulte je veux être pour les enfants que j'accompagne ? Juste celui qui surveille, ou celui qui marque et qui aide à se construire ?

Des actions concrètes, ça, je sais faire. Mais je vois bien que j'arrive à un moment où je ne peux plus rester au niveau du « on calme une bagarre », du « on propose une activité ».

D'autant qu'en parallèle de mon activité d'animateur, le projet d'orphelinat prend de l'ampleur. J'enchaîne les allers-retours à Ndjili. Et là-bas, on ne me demande plus juste « d'animer », mais de bâtir une solution de A à Z – avec un diagnostic, un projet pédagogique, des objectifs, un budget, des indicateurs… de quoi prouver que l'orphelinat produit un impact dans le temps. J'essaie d'appliquer ce que j'ai appris grâce au BAFA… mais je me sens limité.

Et puis, je fais face à un autre constat : j'arrive « d'Europe ».

Les partenaires locaux, au Congo, attendent beaucoup de moi, comme si je devais tout savoir. Sur le terrain, je rencontre des enseignants, des médecins, des gens avec une expérience immense, des parents qui ont élevé plusieurs enfants, des personnes qui ont « de la bouteille » même sans diplôme... alors que moi, à cette époque-là, je suis jeune et je n'ai pas encore d'enfants. Ce n'est pas facile.

En parallèle, il y a mon engagement associatif en France. Ici aussi, en Essonne, la banque alimentaire s'élargit. On touche de plus en plus de bénéficiaires. Et l'assistanat, ça n'a jamais vraiment été mon truc. Aider des familles à un moment donné parce qu'elles traversent une période de difficulté particulière, c'est très bien ; mais les rendre dépendantes d'une aide alimentaire externe, ce n'est pas ma manière de voir les choses. Le but, c'est qu'elles deviennent autonomes. Les aider à se relever pour aller de l'avant.

Bref, je suis en mouvement permanent, tout en étant arrivé à un stade où ma bonne volonté ne suffit plus. Je tire sur la corde et je le sens : je sature, je m'épuise. Mais le paradoxe, c'est que j'ai la sensation de ne pas avancer.

Le problème, c'est que si toi, le responsable, tu tournes en rond, tu fais tourner tout le monde en rond avec toi. Et je refuse de faire perdre du temps aux gens qui m'entourent.

Moi, je veux ta vision

Mes séjours à Kinshasa me permettent de comprendre les besoins du terrain et de m'investir dans d'autres projets. En plus de l'orphelinat, je lance des actions pour les détenus de la prison de Makala.

C'est dans ce contexte que je fais la rencontre d'un ancien, un grand monsieur, stratège, exigeant, dont les conseils m'ont beaucoup apporté.

À chacune de nos réunions, il me répétait la même phrase : « Lufian, l'idée crée l'existence. L'important, ce n'est pas d'avoir, c'est de savoir. » Il commençait toujours par ça. J'avoue qu'au départ, c'était un peu abstrait pour moi. Je ne voyais pas du tout où il voulait en venir.

Mais vient le jour de cette réunion différente des autres. On est dans une petite salle, un peu étroite, avec des paperboards, des dossiers partout, des stylos qui traînent sur la table. Une de ces salles où on croit qu'on va avancer vite et bien parce qu'on a une liste, parce qu'on a des idées, parce qu'on est motivé.

Moi, ce jour-là, je viens avec une feuille pleine d'actions. J'ai tout listé. Tout organisé. Je suis fier, presque soulagé. Je me dis : « Voilà. J'ai une réponse. » Je lui présente ça.

Il écoute en silence. Il ne m'interrompt pas. Il me laisse finir mon exposé, puis il me regarde et me dit posément : « Calme-toi. C'est bien ce que tu veux faire. Mais là, ce que tu me montres… ce sont des activités. Moi, je veux ta vision. »

Je reste bloqué une seconde. Je réponds, un peu surpris : « Ma vision ? Ma vision, c'est aider les gens. Les occuper. Les mettre en mouvement. »

Il secoue la tête. Pas méchamment, mais fermement. « Non. Ça, c'est ton intention. Ta vision, c'est autre chose. Ta vision, c'est dans trois ans, à quoi ressemble ton quartier ? Qu'est-ce qui a changé pour ces jeunes ? Qu'est-ce qui a changé pour toi ? Qu'est-ce qui a changé dans la manière dont on vous regarde ? »

Je ne sais pas quoi répondre.

Il me dit alors une phrase que je n'ai jamais oubliée :

---

*« Si tu n'as pas de vision, tu n'es pas un acteur public.
Tu es un animateur qui remplit des cases. »*

Sur le moment, ça me pique. Je me sens même vraiment vexé. Parce que j'ai bossé. Parce que j'ai des idées. Parce que je voulais bien faire.

Mais ce soir-là, en rentrant chez moi, je n'ai plus envie de me défendre. Je n'ai plus envie de prouver que je suis « utile ». J'ai une seule question dans ma tête : *qu'est-ce que je veux vraiment ?* Pas juste demain. Pas juste la semaine prochaine.

Pas juste « occuper » les jeunes pour éviter qu'ils traînent. Pas juste « donner à manger » à des gens qui galèrent pour payer leurs factures. Pas juste « faire respirer » des détenus le temps d'une matinée. Pas juste « héberger » des orphelins dans un bâtiment.

Je veux transformer quelque chose, profondément. Créer une trajectoire. Un cap. Une existence.

Il faut que je me recycle

C'est à partir de ce moment-là que je décide d'arrêter de penser seulement en projets. J'ai compris ce que mon mentor voulait dire. Si tu n'as pas de vision, tu fais, tu remplis, tu t'agites… mais tu ne tiens rien. Tu n'as pas de direction. Tu es pris par l'urgence, par le one-shot, par l'énergie du moment. Et ce n'est pas ça, construire.

Construire, c'est savoir où tu veux aller. Même si tu n'as pas encore tous les moyens. Même si tu ne sais pas encore exactement comment tu vas faire. Parce qu'au fond, l'important, ce n'est pas seulement d'agir. L'important, c'est de savoir pourquoi tu agis. Ce que tu veux rendre possible.

Et je le sens : je commence à enfiler un autre vêtement : celui de dirigeant.

Mais pour bien diriger, il faut une méthodologie. Mon mentor m'a transmis le bon mindset, mais les outils dont je dispose – ce que j'ai appris grâce au BAFA – ne me permettent pas de me l'approprier. Alors je prends une décision : aller me « recycler », comme on dit. Retourner en formation.

En 2005, je décroche le brevet d'aptitude aux fonctions de directeur en accueils collectifs de mineurs à caractère éducatif (le BAFD).

Ce diplôme est pour moi une bascule : je sors d'un BEP électrotechnique raté deux fois, et là, quelques années plus tard, je passe du statut d'animateur à celui de dirigeant.

Cette formation m'aide énormément, parce qu'elle m'apprend quelque chose que je n'avais pas vraiment formalisé : la vie quotidienne d'une structure. J'entre dans un autre monde – la réglementation, la responsabilité juridique, la gestion quotidienne, le fonctionnement d'une journée type, la sécurité, la relation aux familles, le management d'une équipe.

Et une fois le diplôme en poche, sur le terrain, je commence à prendre la direction de centres de loisirs. Je me souviens des nuits blanches à préparer mes dossiers, des groupes à diriger, des réunions avec les parents, des échanges parfois tendus, parfois émouvants. Des difficultés aussi.

Parce qu'au départ, ce n'est pas toujours simple. Je suis parfois directeur de centres dont mes propres amis sont les animateurs. Je suis là, à rigoler avec eux le soir, et le lendemain ce sont aux mêmes personnes que je dois dire : là, tu es en retard ; là, ce n'est pas professionnel ; là, ce n'est pas acceptable pour les enfants.

Une fois, un pote me lance : « Tu te prends pour le chef maintenant ? » Je lui réponds calmement : « Ce n'est pas que je me prends pour le chef. C'est que, là, j'ai une responsabilité. Si un enfant se blesse, si un parent se plaint, ce n'est pas à toi qu'on demandera des comptes, c'est à moi. » Cette frontière entre amitié et responsabilité, je l'apprends sur le tas. Ça me forge émotionnellement.

Ce n'est pas facile, mais c'est là que je comprends ce que le BAFD m'apporte vraiment : une méthodologie. Une façon de structurer la pensée. Je découvre comment construire un questionnaire, comment faire remonter la parole du terrain, comment sortir un vrai diagnostic plutôt que de décider « au feeling ». Tout ce que j'apprends en théorie, je l'applique tout de suite en pratique. Je teste. J'ajuste. Je vois si ça tient. Et ça débloque ma vision.

Je vois que ce que j'apprends au niveau pro peut aussi servir sur le terrain associatif. Ici et ailleurs. Parce qu'une fois que tu sais structurer, tu peux décliner ce que tu as appris partout, d'autant que l'associatif te donne une marge que tu n'as pas toujours ailleurs. Du coup, je commence à penser tous les projets en vision globale.

À Courcouronnes, on réfléchit à une manière de passer de l'aide d'urgence à un accompagnement qui rend autonome. De là, naît l'idée de transformer la banque alimentaire en épicerie solidaire.

Une épicerie solidaire, ce n'est pas juste « un magasin moins cher ». C'est vrai que c'est un lieu où on peut acheter des produits alimentaires et non-alimentaires à prix cassés – généralement 20 à 30 % des tarifs affichés dans les commerces classiques. Chaque structure fixe ses règles d'admission et, généralement, seules les personnes qui gagnent en-dessous d'un certain montant de revenues peuvent venir y faire leurs courses. Mais le vrai sujet, ce n'est pas seulement le prix. Au-delà de l'aspect financier, les épiceries solidaires permettent de tisser des liens entre les membres d'une même communauté, d'un même quartier… et d'accompagner ceux qui la fréquentent vers leur autonomie personnelle.

Ma formation m'aide aussi à proposer une meilleure approche pour Ndjili et, avec l'équipe, on finit par trancher. On démarrera avec une vingtaine d'enfants. Puis on montera, progressivement, jusqu'à quarante. On pilotera le cadre et le projet pédagogique depuis la France. Et je formerai petit à petit une équipe solide sur le terrain, au Congo, capable de tenir sans nous, capable de faire vivre la structure au quotidien.

Parce que manager une équipe, ce n'est pas seulement dire aux gens quoi faire. C'est être responsable des autres. S'assurer que ton équipe fonctionne bien. Et aider tes collaborateurs à grandir.

•

Transmettre pour faire grandir

L'année 2005 marque un tournant que je n'avais pas anticipé. Comme si la vie avait décidé d'appuyer sur tous les boutons à la fois.

Et de modifier ma manière de percevoir les choses… à jamais.

Reconnexion

Depuis maintenant deux ans, je fais pas mal d'allers-retours à Kinshasa. Et je profite de ces voyages pour aller voir les miens. Je me fixe un rythme : deux jours avec la famille en arrivant dans le pays, puis le reste du temps pour la mission humanitaire, et revenir les voir deux ou trois jours avant de rentrer en France. C'est mon équilibre. Il me permet de reconnecter avec mes parents, pour de vrai.

Pendant mes séjours, je parle beaucoup avec ma mère, avec mon père. Je pose des questions. Je cherche à comprendre d'où je viens, et pourquoi certaines choses m'habitent autant. Il y a des conversations qui me marquent.

Mon père me raconte son parcours. Il est dans la diplomatie. La politique. Le management. Il a porté des responsabilités jeune. C'est un acteur public.

Ma mère est commerçante, mais pas seulement. Elle est engagée dans le social, notamment dans les prisons. Elle me raconte aussi l'histoire de son propre père : un des premiers Noirs à travailler avec des missionnaires Blancs à Mbanza-Kongo, en Angola. Un homme qui aidait beaucoup les orphelins.

Ma mère me fait passer un message : cette fibre-là, l'action sociale, ne sort pas de nulle part. Ce n'est pas *juste moi*. Il y a une sorte d'héritage. Elle est touchée de voir son fils – celui qu'elle a entendu rapper des paroles « pas très catholiques », comme elle dit en souriant – revenir ici et se mettre au service des autres. Finalement, je continue une dynamique familiale, à ma manière, avec mon époque, mes outils, mes combats.

Un triple ascenseur émotionnel

En 2005, je dis à ma mère : « Je reste deux jours avec toi. Après, je dois gérer l'inauguration de l'orphelinat. Et quand j'aurai fini, les quatre jours qui me restent, je les passe avec toi. »

L'inauguration a lieu un lundi. Tout se passe bien. Il y a du monde. Des autorités, des bourgmestres, des personnalités, des députés. Ça passe à la télé. Je suis fier.

Je me dis : *On y est. On l'a fait. Maintenant, je vais respirer. Maintenant, je vais passer du temps avec ma mère.*

Je ne sais pas ce qui m'attend derrière.

Le lendemain de l'inauguration, ma mère nous quitte. Sa santé s'était dégradée au fil des dernières années.

Je pensais que le plus compliqué, c'était de faire construire l'orphelinat. Mais alors que je suis porté par la réussite du projet et le soulagement de l'inauguration, je me retrouve brutalement face à l'irréversible. Je découvre que le plus dur, parfois, c'est ce que la vie t'arrache au moment où tu crois pouvoir pleinement commencer à en profiter.

J'ai déjà été confronté à la mort. Des jeunes, des amis parfois, partis beaucoup trop tôt. Mais là, c'est différent. C'est ma mère. Je pensais aider des orphelins, mais c'est moi qui le deviens. Comme si le projet de Ndjili m'avait, malgré moi, préparé à traverser ce choc.

Et l'ascenseur émotionnel ne s'est pas arrêté là.

Quelques semaines après le deuil, ma femme et moi découvrons que nous attendons notre premier enfant. Un vrai bonheur, et un bouleversement total. Du jour au lendemain, je ne suis plus seulement responsable de projets éducatifs : j'apprends que je vais devenir père, pour la première fois. L'annonce de cette grossesse, c'est un réconfort : une vie s'en est allée, une nouvelle vie arrive.

Trois événements, et trois questions qui s'entrechoquent : Qui suis-je ? Qu'est-ce que j'ai reçu ? Quel héritage je compte laisser après moi ? Quelque chose s'installe en moi, mais je ne mets pas de mots dessus tout de suite.

Pense à ce que tu veux faire de ta vie demain

Cette année-là, je ne suis pas juste troublé dans ma vie personnelle. Il y a une autre secousse, qui ébranle la France tout entière : 2005, c'est l'année des émeutes urbaines.

À l'époque où elles éclatent, je viens de rentrer de voyage et j'ai enchaîné sur une formation – depuis peu, je suis aussi formateur BAFA. Et sur cette session en particulier, j'ai des stagiaires qui viennent de Clichy-sous-Bois. La ville dans laquelle les événements ont commencé.

Ces émeutes, je m'en souviendrai toujours. Quand les quartiers brûlent, c'est ce que tu essaies de construire dans le social, le travail que tu proposes pour le vivre-ensemble qui est remis en question. Et ce sont parfois des personnes que tu connais qui sont concernées.

Une nuit, vers deux heures du matin, mon téléphone se met à sonner sans arrêt. Des jeunes que j'accompagne m'appellent. Ça chauffe en bas. Ça part en vrille. Je me lève, je vais à la fenêtre. Je vois des voitures en feu, des poubelles renversées, des sirènes au loin. Des cris. Une agitation qui monte comme une marée. Et je le sais : au milieu de tout ça, il y a des garçons que je connais. Je connais leurs prénoms. Je connais leurs mères. Je connais leurs histoires. Ce sont des petits frères pour moi.

Je ne suis ni policier ni pompier ; mais je suis un repère, l'adulte qu'ils appellent quand ça déborde. Alors une question tombe dans ma tête : jusqu'où va mon rôle ? Est-ce que je descends ? Est-ce que je laisse faire ? Je décide d'en appeler quelques-uns. Certains décrochent, d'autres non. À ceux que j'ai en ligne, je dis juste : « Fais attention à toi. Pense à ta mère. Pense à ce que tu veux faire de ta vie demain. »

Je ne joue pas au héros. Je sais que cette nuit-là, je ne peux pas tout empêcher. La colère, parfois, dépasse même ceux qui la portent.

Le lendemain matin, je vais au centre. Les yeux rouges. Fatigué. Vidé. Et devant la structure, je vois les mêmes jeunes. Calmes. Comme si rien ne s'était passé. Comme si la nuit ne comptait pas.

On s'assoit. On parle longtemps. On essaie de comprendre ce qu'ils cherchaient, ce qu'ils ont ressenti, ce qui a déclenché ça, ce qui les a poussés au bord. À un moment, l'un d'eux me dit : « On a pété le plomb… mais au fond on sait que ça ne change rien. Toi, au moins, tu reviens le lendemain. »

Cette phrase me reste. Parce qu'elle met des mots sur quelque chose d'essentiel : être là pendant la crise, oui ; mais surtout, revenir le matin d'après. Quand le feu est retombé. Quand il faut recommencer, réexpliquer, reconstruire, retisser.

Et je crois que c'est aussi là – dans l'après, dans ce qu'on décide de faire suite à un deuil, un choc ou une crise – que se mesure la solidité d'un engagement.

C'est souvent comme ça que ça commence

Je continue donc, malgré tout, à avancer. La naissance de mon fils, fin 2005, m'aide énormément. Il me donne la force de traverser cette période troublée et difficile.

Je ne me rends pas compte que d'autres me regardent. Qu'en réalité, ils m'observent depuis longtemps. Qu'ils s'intéressent à la manière dont j'essaie de construire ma famille, de bâtir des solutions pour la cité, de développer mes projets.

Un jour, l'un d'eux me dit : « Tu m'as aidé sans le savoir. »

Cette phrase change quelque chose en moi. Parce qu'il arrive un moment où l'on comprend que ce qu'on a appris n'est pas destiné à rester seulement dans notre tête. Pour faire naître l'avenir, il faut transmettre.

Pendant toute cette période, je continue à me former et à prendre des responsabilités dans des centres sociaux. À agir sur le terrain associatif, aussi.

Je me souviens qu'à un moment donné, on a besoin de bénévoles pour une distribution alimentaire qu'on est en train de lancer à Draveil. Au début, beaucoup de jeunes disent : « La distribution, c'est pas pour nous. Ça, c'est pour les daronnes. » Je leur propose simplement de venir une fois, juste deux heures, pour filer un coup de main.

Un samedi matin, un jeune que je vois souvent traîner en bas descend. « Vas-y, je viens t'aider, mais juste aujourd'hui. » On installe les tables, prépare les colis, organise les tickets. Et très vite, il y a du monde. Beaucoup plus que prévu : des familles, des anciens, des femmes seules, des gens épuisés.

Lui, il regarde. Il fait ce qu'on lui demande, mais je vois dans ses yeux qu'il comprend quelque chose. Parce qu'au bout d'un moment, tu vois la fatigue sur les visages. Les mamans qui tiennent debout, mais qui lâchent presque dès qu'on leur propose un café. Les anciens qui ne demandent pas grand-chose, juste cinq minutes de conversation.

À la fin de la matinée, en rangeant, il me regarde : « En vrai… c'est pas juste de la bouffe. On voit des trucs de ouf ici. Les gens, ils racontent leur vie. On dirait qu'ils repartent… plus légers. »

Je lui ai dit : « Exactement. La nourriture, c'est l'entrée. La vraie action, elle est dans l'écoute. »

Le samedi suivant, il revient. Puis celui d'après. Et très vite, il commence à prendre des initiatives : accueillir les gens, organiser la file, discuter avec les enfants, proposer de la musique pour détendre l'atmosphère. Il ne donne plus « un coup de main ». Il fait vivre l'espace.

Un jour, je lui dis : « Tu te rends compte que tu es en train de faire un travail d'animation sociale ? D'accueil ? De médiation ? » Il me regarde, surpris : « Moi ? Je fais juste ce qui me semble normal. »

Et c'est souvent comme ça que ça commence. Quelques années plus tard, je l'ai inscrit dans une formation, le BPJEPS. Et un jour, c'est lui qui est devenu porteur de projet.

Transmettre, ce n'est pas toujours expliquer une méthode ou donner une grande leçon. C'est juste créer un espace où les gens peuvent se découvrir eux-mêmes et, à leur tour, s'engager.

L'engagement n'a de valeur que s'il est transmis.

De l'international au mondial

Je continue à m'investir dans la solidarité internationale, en parallèle de mon engagement associatif et professionnel en France.

Avec les bénévoles, on poursuit nos actions pour soutenir l'orphelinat de Ndjili. On pilote le projet à distance : on recense les enfants, on recherche des fonds, on accompagne l'équipe locale dans la mise en œuvre du fonctionnement.

Je m'investis pleinement dans ce projet. On passe de vingt à quarante enfants. Il y a beaucoup de besoins, mais on préfère plafonner le nombre d'admis pour pouvoir assurer un lien et un suivi de qualité avec les enfants.

À un moment, le responsable d'une grande association de solidarité internationale spécialisée dans les parrainages, avec laquelle on travaille en partenariat, me donne ce conseil : « Écoute, Lufian, tu vas t'épuiser si tu continues à tout gérer toi-même. Il vaut mieux développer des parrainages de projets dans un premier temps, qui pourront ensuite devenir des parrainages d'enfants. »

J'y réfléchis sérieusement. Je réalise qu'il a raison, que cette stratégie peut me permettre de multiplier les partenariats avec des orphelinats existants, sans rester limité au soutien d'une seule structure. À Ndjili, l'orphelinat est ouvert depuis 2005 et commence à arriver à maturité : l'équipe sur place est formée, et les bénévoles de notre association ont développé les compétences qu'il faut pour continuer à accompagner l'orphelinat dans son fonctionnement. Alors on leur délègue progressivement le pilotage de la structure, pour commencer à réfléchir de manière plus internationale.

On pose notre stratégie de développement :

— Choisir un partenaire sur un territoire, pour parrainer un projet précis (une rénovation de sanitaires, un centre d'accueil où les enfants vont manger, etc.) en apportant notre expertise et notre méthode ;

— Observer ensuite pendant six à douze mois, pour tester la fiabilité de l'équipe et de la structure (souvent, ces équipes existaient déjà : elles ne démarraient pas de zéro, elles cherchaient juste des partenaires pour appuyer leur vision) ;

— Si l'action fonctionne, transformer en secteur et lancer un programme de parrainage d'une quinzaine d'enfants ;

— Quand le secteur grandit, le transformer en pôle ;

— Quand le pôle grandit, basculer sur une association locale autonome ;

— Quand une association locale devient trop grosse (plus de cent bénévoles impliqués), la scinder pour donner naissance à deux entités autonomes ;

— Et ainsi de suite.

C'est comme ça que l'association prend de l'ampleur, et que notre programme d'accompagnement d'orphelins de République Démocratique du Congo s'étend progressivement au travers du parrainage de projets, en partenariat avec des structures locales, dans une quinzaine de pays en Afrique, en Amérique du Sud et en Asie. Le principe est celui de coopération internationale : des associations ou ONG de différents territoires décident de travailler ensemble directement, pour soutenir des projets concrets sur le terrain.

L'expertise cachée

Les années passent, et mon parcours professionnel évolue. Je décroche un brevet professionnel de la jeunesse, de l'éducation populaire et du sport (BPJEPS).

Mais surtout, en 2009, je deviens papa pour la seconde fois.

Un petit garçon. J'avance en tant qu'homme et en tant que père.

Parfois, la vie professionnelle te renvoie à ce que tu vis à titre personnel. Et d'autres fois, c'est l'inverse.

Ça me fait particulièrement penser à cette mère de famille, que je vois souvent dans une maison de quartier à cette époque. Elle vient pour les ateliers enfants, pour les activités du mercredi ouvertes aux tout-petits. Toujours discrète, le genre de femme qu'on ne remarque pas, qui ne fait pas de bruit.

Mais un jour, je la vois différemment. Pendant que la salle se vide, je la regarde gérer sa petite tribu. Quatre enfants à elle. Et en plus, deux neveux qu'on lui avait confiés. Elle tient le groupe avec une patience incroyable. Et surtout, elle fait ça sans se plaindre, comme si c'était normal.

À la fin, je lui dis en souriant : « Madame… vous savez que vous faites un travail d'éducatrice spécialisée ? » Elle éclate de rire. « Moi ? Mais je n'ai aucun diplôme, Monsieur ! » Je lui réponds : « Peut-être. Mais dans les faits, vous gérez plus d'enfants que dans certaines crèches. Et vous avez une expérience énorme. Ce n'est pas écrit sur un papier, mais ça vaut quelque chose. » Elle me regarde, comme si je venais de dire une absurdité.

Dans les semaines qui suivent, je lui explique ce qu'est la validation des acquis de l'expérience. On monte un dossier CAP Petite enfance. Le jour où elle reçoit un courrier lui annonçant qu'une partie de ses compétences est maintenant reconnue, elle pleure. Cette scène-là, je ne l'ai jamais oubliée.

Depuis ce jour-là, dans chaque personne « invisible », je

cherche l'expertise cachée. Pour aider l'autre à voir tout ce qu'il porte déjà, de l'intérieur.

Transmettre, ce n'est pas seulement donner des clés. C'est ouvrir des portes. Et parfois, c'est créer une porte là où il n'y en a jamais eu.

En sortant de prison

Cela me rappelle une autre expérience marquante.

En 2009, je postule pour devenir responsable jeunesse dans un centre. La mairie l'avait fermé depuis deux ans, compte tenu de ses difficultés de fonctionnement.

Sur place, on commence donc par poser un diagnostic. Et quelque chose revient tout le temps dans la bouche des jeunes : « On nous avait dit que ce lieu était pour nous, mais en fait, on n'a jamais eu notre place. » Dans les faits, la structure portait une ludothèque, des activités culturelles et des ateliers de retraités… mais les jeunes, eux, avaient un tout petit espace pour leurs activités. Cette frustration a impacté le climat de l'équipement. Il a commencé à se dégrader, au point que l'équipement avait fini par fermer.

Alors, pour relancer la structure, on décide de travailler sur deux fronts : l'écoute des jeunes et des actions hors les murs. Avant la réouverture, on va dans le quartier – la rue, les places, le pied des tours – pour nommer les choses, expliquer ce qu'on veut changer. Petit à petit, la confiance revient.

L'équipement ouvre à nouveau ses portes, et pendant deux ans, tout se passe bien.

La troisième année, un jeune sort de prison. Il voit que le centre a changé : un cadre, des règles, une dynamique. Il veut remobiliser « les anciens » : « Vous avez changé. Ce lieu, c'est chez nous. Faut pas laisser ce responsable imposer ses règles. On doit montrer que c'est nous les patrons. » Les animateurs me disent qu'il fume du cannabis dans la structure, qu'il provoque, qu'il fait du bruit juste pour montrer qu'il n'est pas d'accord.

Un jour, la tension monte d'un coup. Je vais vers lui : « Qu'est-ce qui se passe ? Pourquoi tu fais ça ? » Il explose, me menace. Ce jour-là, je dois prendre du recul et me dire que ce n'est pas moi qu'il attaque, mais l'institution. Donc la vraie question, c'est : comment je lui redonne confiance ? Comment je lui montre que l'institution n'est pas là pour le détruire, mais peut être un outil pour l'aider à construire un meilleur lendemain ?

Je choisis l'écoute. Je lui dis : « Raconte-moi. Qu'est-ce qui t'énerve vraiment ? Qu'est-ce que tu veux faire dans ta vie ? » Il finit par m'expliquer qu'il sort de prison. Qu'il a toujours aimé le foot, qu'il veut avancer… mais qu'il ne sait pas comment construire quelque chose de stable. Alors je lui propose qu'on crée une association. « On monte un club de foot. Tu en seras le président. On l'affilie à la FSGT. Comme ça, vous jouez un vrai championnat, structuré. »

En entrant dans cette logique, il comprend peu à peu que le centre social n'est pas là pour le surveiller ou le brider, mais pour lui donner des moyens d'agir. Et ça marche. Lui, qui est un leader, entraîne les autres. Le club cartonne : ils finissent premiers du championnat.

Pour clôturer la saison, je lui propose d'organiser, avec la mairie, un tournoi pour les plus jeunes. Pour que son association ne s'occupe pas seulement des « grands », mais devienne aussi un modèle pour les petits du quartier.

Le jour de la compétition, un des joueurs vedettes du PSG – Marcos Cearà, dont je suis proche à l'époque – vient en personne remettre la coupe à l'équipe vainqueur. Pour le jeune leader que j'accompagne, lui qui est fan de cette équipe, c'est tout simplement énorme.

Et moi, je réalise combien il a changé de rôle : de perturbateur à organisateur, de casseur à fédérateur. Pas parce que je l'ai « sauvé ». Mais parce que je lui ai donné un cadre pour se révéler.

Former pour que ça dure

Quelque temps après, je prends aussi la casquette de coordinateur pour un centre de formation dans l'animation professionnelle.

C'est un changement d'échelle. Je ne forme plus seulement des adolescents pour le BAFA, mais des adultes qui vont à leur tour encadrer, animer, diriger. Et je vois arriver des candidats très différents : parfois paumés, parfois en reconversion, parfois en colère contre le système.

Un jour, un stagiaire me lance, presque frontalement : « De toute façon, les diplômes, c'est pour les autres, pas pour nous. » Je lui réponds : « Tu sais, moi aussi, on m'a dit ça un jour. Et pourtant, regarde où je suis aujourd'hui. On va faire mentir les pronostics ensemble. »

Je ne suis pas seulement un coordinateur et formateur. Je suis aussi un miroir de ce qu'ils peuvent devenir. Et je veux que ceux qui se sentent invisibles réalisent enfin qu'ils ont une place à prendre. Donner un cadre et une légitimité à ceux qui portent déjà ça en eux, parfois sans le savoir.

Chapitre Huit

·

Franchir la porte

Je continue à me former. En 2010, j'obtiens un diplôme d'État de la jeunesse, de l'éducation populaire et du sport (DEJEPS). Mon métier durant cette période : diriger des centres sociaux, former des formateurs aussi.

Et je reste fidèle à mon double ancrage : salarié, oui, mais sans quitter le monde associatif. À Courcouronnes, l'épicerie solidaire tourne bien. À l'étranger, les partenariats internationaux se multiplient.

En parallèle, ma vie personnelle avance aussi : je suis père de deux garçons et, en 2012, ma femme attend notre troisième. Je me dis que j'aimerais que mes enfants grandissent dans un environnement que je maîtrise, un lieu où je me suis moi-même construit et où j'ai mes repères. Alors, on décide de revenir vivre à Vitry-sur-Seine.

Lol'idays

Je suis heureux de me réinstaller à Vitry avec ma famille. Et je ressens rapidement le besoin d'agir là, près de chez moi. Dans la ville où mes enfants vont maintenant grandir.

Au niveau humanitaire, notre organisation est arrivée à maturité – je le vois : l'équipe de bénévoles est prête, autonome et bien formée pour porter la gestion des partenariats de parrainage de projets. Alors, je décide de déléguer progressivement un certain nombre de tâches et de commencer à former la relève. Je lève peu à peu le pied sur l'international, pour pouvoir me focaliser sur le local.

À Vitry, on s'est installé dans un secteur qui, à cette époque, est un peu enclavé. On ressent une sorte de tension intergénérationnelle et le climat n'est pas idéal. Alors, avec quelques habitants de la ville, on commence à réfléchir à ce qu'on peut mettre en place pour tisser du lien.

C'est dans cet état d'esprit qu'en 2013, on décide de lancer l'association Lol'idays.

Lol'idays, c'est un jeu de mots – « lol », le sourire, et « days », les jours : des jours de joie. Mais derrière le nom, il y a surtout une intention : créer du lien social. Ouvrir un espace de vie où les gens se retrouvent, où les générations se parlent, et où l'autre ne fait plus peur.

On lance des questionnaires pour demander aux habitants : de quoi vous avez besoin ? Qu'est-ce que vous attendez ? Qu'est-ce qu'on peut mettre en place à notre niveau ?

Quand tu pars des besoins réels, tu crées de l'adhésion. Tu fais monter le niveau de participation. Et c'est ça qui permet de bâtir une solution qui n'a pas été pensée pour les gens, mais avec eux. C'est de la démocratie participative.

Grâce à notre diagnostic de terrain, on se rend compte qu'à Vitry, il n'y a pas d'épicerie solidaire. Il manque aussi un espace de vie sociale – un EVS – c'est-à-dire un lieu ouvert à tous, un lieu intergénérationnel où on fait des activités, où les habitants se rencontrent, où on construit des relations.

On note aussi qu'il faut penser l'accueil autrement. Parce qu'à l'époque, il y a peu de structures qui s'adressent à la tranche d'âge des sept à douze ans. Les maisons de quartier prennent les adolescents à partir de douze ans, et les plus jeunes sont souvent redirigés vers les centres de loisirs – mais certains enfants n'aiment pas ça. Alors que dans une EVS, tu peux venir le matin ou l'après-midi. Tu respires. Tu n'es pas enfermé dans une journée complète. Ça change tout.

Mon parcours m'a appris que pour pouvoir créer une épicerie solidaire à proprement parler, il faut une vraie ingénierie, une équipe qui tourne, des moyens qu'on n'a pas encore. Alors on décide d'y aller par étape.

On commence simple et concret : une distribution alimentaire pour les personnes les plus fragilisées du quartier d'implantation de l'association. Et petit à petit, ça prend forme et on élargit : des sorties pour les jeunes, des sorties culturelles pour les familles, de l'aide à la parentalité. Ensuite, on commence à proposer des parcours, comme le BAFA.

On y arrive parce qu'on met en place un pilotage propre avec les partenaires : pour bâtir une solution durable, il faut des alliances solides. Le diagnostic nous a montré qu'il y a déjà des acteurs sur le terrain ; d'autres associations, comme l'AJAF, portée par des jeunes du quartier. Certains prennent une tranche d'âge donnée, d'autres se concentrent sur un domaine – le sport, la vidéo… Lol'idays est donc venue s'insérer comme une pièce de ce grand puzzle. Chacun apporte sa pierre à l'édifice, selon ses compétences. C'est comme ça qu'on peut faire revivre le quartier.

Travailler avec les partenaires, ce n'est pas seulement faire des alliances avec les autres associations. C'est aussi travailler avec des organisations comme la ville, le département, le centre communal d'action sociale, les bailleurs sociaux, les acteurs du territoire. Ce qu'on appelle *les institutions*.

Lol'idays, c'est un projet qui part des habitants, mais qui se consolide avec des partenariats associatifs et institutionnels.

Le plafond de verre associatif

Au fur et à mesure que Lol'idays se développe, mon regard s'élargit, plus loin que mon quartier. Je me rends compte des tensions entre les générations ; des difficultés des familles ; des problèmes de scolarité ou d'insertion ; des écarts de niveau de vie, qui ont l'air de se creuser chaque jour un peu plus entre les gens. Les signes d'un système qui ne va pas bien.

À partir de ce constat, on décide de lancer une initiative qui vise à redonner de l'espoir à ceux qui en ont le plus besoin : créer la première épicerie solidaire de Vitry-sur-Seine.

Mais il faut comprendre une chose.

Arriver dans une ville et dire : « On veut ouvrir la première épicerie solidaire », c'est un message fort, poussé par quelqu'un qui revient sur Vitry… mais que la nouvelle municipalité, à l'époque, ne connaît pas. Les personnes face à moi ne savent pas forcément quelles actions j'ai déjà portées ici, dans le passé.

Alors, quand on demande un soutien institutionnel pour créer l'épicerie solidaire, l'équipe et moi on est uniquement analysés sous l'angle de questions du type : est-ce qu'il est capable ou pas ? Est-ce qu'il réunit tous les acteurs caritatifs de la ville ? Est-ce qu'ils ont suffisamment d'ancienneté ?

Et là, on se heurte à un mur : « Oui… mais vous n'êtes qu'une jeune association. » Sous-entendu : vous n'êtes pas légitimes, vous n'entrez pas dans le cadre. Cette phrase me frustre ; pas par orgueil, mais parce que je vois les besoins derrière. Les familles vulnérables qui viennent chercher des colis lors de nos distributions alimentaires.

Je réalise que tu peux être président d'une association, porter des projets, mobiliser des jeunes ou des familles entières, faire du concret et participer à la vie d'un territoire. Que tu peux être une personne que le terrain respecte et reconnaît. Mais au moment où les choix importants se font – budgets, priorités, orientations – tu n'es pas forcément autour de la table. Tu impulses, tu fais, tu répares… mais au final, tu subis ce qui est décidé *ailleurs*. Et cet *ailleurs*, je ne le connais pas. Je ne maîtrise pas le système : comment une idée devient un projet ; comment un projet devient un budget ; comment un budget devient un dispositif… ou un échec.

À force de me cogner aux limites du terrain, je finis par le comprendre : si je veux vraiment changer des choses, je dois commencer par mieux comprendre le fonctionnement du système. Je dois entrer là où on parle de *politiques publiques*, de *priorités territoriales*, de *stratégies locales*, et d'autres expressions de ce type.

Un jour, après une discussion avec le directeur d'un des

centres sociaux de la ville, je sens que le moment est venu : je dois franchir la porte. Accéder aux lieux où les décisions se prennent. Et pour ça, il me faut une responsabilité *officielle*.

Représentant des centres sociaux

À cette période, étant vice-président d'un centre social de la ville, je décide de postuler pour intégrer la Fédération des centres sociaux du Val-de-Marne. On m'attribue un siège d'élu au sein du Conseil d'administration, avec une mission précise : représenter les centres sociaux de mon département.

Je n'ai jamais rêvé de « bosser dans les institutions », ni même d'y entrer. C'est le besoin que j'ai vu autour de moi qui m'y a conduit. Moi, je veux simplement véhiculer les bons messages là où les décisions se prennent. Comprendre les rouages du système. Nommer les choses auprès des bonnes personnes, pour qu'elles soient entendues et aient une chance d'être transformées en solution.

Je me souviens d'une assemblée générale de la Fédération. Lufian, le « jeune des quartiers », au milieu d'élus, de directeurs expérimentés et de cadres associatifs installés. Je me retrouve à prendre la parole. Les mains un peu moites, la voix qui tremble au début.

Et puis, au fur et à mesure, le terrain parle à travers moi : les familles que j'ai rencontrées, les jeunes que j'ai accompagnés, les équipes avec qui j'ai travaillé.

À la fin, une personne vient me voir et me dit : « On a besoin de gens comme vous dans ces instances. Vous parlez vrai. Vous parlez de ce que vous vivez. »

Moi qui sors d'un monde où, quelques années avant, on me disait que l'école n'était pas pour moi ; je suis là, écouté dans des salles où se décident des orientations pour des structures, des villes entières. Et à travers ma voix, ce n'est pas seulement moi qu'on écoute. C'est *nous*. Toutes celles et ceux dont je partage le quotidien depuis des années. C'est *notre voix* que je relaie. Ces expériences m'apprennent une clé essentielle :

> *Si personne ne porte nos mots jusqu'aux décideurs, ils ne les entendront pas. Il faut des relais.*

Mon premier mandat dure deux ans, et il se passe très bien.

Puis on me propose de représenter les centres sociaux du Val-de-Marne à l'échelle de l'Île-de-France ; je passe alors à un mandat régional.

C'est donc à cette période – autour de ma trentaine – que je bascule progressivement du terrain aux salles de réunion ; de la médiation de rue aux stratégies publiques ; du bureau du médiateur social à celui de l'acteur public.

Quand je mets les pieds dans l'institutionnel, je crois que le plus dur, ce sera d'être accepté. Je me trompe.

Le plus difficile, personne ne me l'a dit. Ce n'est pas d'entrer. C'est d'apprendre la langue. Pas la langue française. Celle de l'action publique.

De la médiation sociale au dialogue public

La première fois que je franchis la porte du ministère de la Jeunesse et des Sports, c'est en tant que coordinateur d'un centre de formation dans le secteur de l'animation professionnelle. À l'époque, il y a encore le brevet d'aptitude professionnelle d'assistant animateur technicien (BAPAAT), et on commence à parler de réforme : on veut faire évoluer ce diplôme vers ce qui deviendra le certificat professionnel de la jeunesse, de l'éducation populaire et du sport (CPJEPS).

À la base, je ne suis même pas censé être impliqué dans ce groupe de travail. C'est le directeur de mon centre de formation qui a été choisi pour représenter notre structure. Mais lui, le ministère, il n'aime pas ça – ces espaces-là, l'ambiance, etc. Il sait que ça va l'user. Alors, un jour il me regarde et me dit simplement : « Lufian, tu vas me remplacer ». Et moi, je dis oui sans hésiter.

Il faut savoir qu'à cette période, j'ai déjà un aperçu de ce monde-là. Je vais souvent à la direction régionale de la jeunesse, rue Oudinot, à Paris. Ça, je connais. C'est déjà le ministère… mais en version décentralisée – plus proche du terrain, moins impressionnante. Mais le ministère, *le vrai*, celui où se prennent les grandes décisions… je n'y ai jamais mis les pieds.

Je me souviens du tout premier jour comme si c'était hier.

J'arrive devant le bâtiment, comme tout le monde. Je passe par l'accueil. Devant moi, il y a des gens en costume. Des attaché-cases. Des sacs d'ordinateur. Des badges qu'on scanne sans réfléchir, comme si cet endroit leur appartient naturellement. Et moi, je suis là, avec mon sac à dos. Un vieux cahier. Quelques dossiers. Un survêtement sous mon manteau.

J'arrive devant l'agent de sécurité. Il me demande : « Vous avez rendez-vous ? » Je lui donne le nom de la personne qui m'a invité. Il vérifie dans sa liste puis il me regarde, de haut en bas, une seconde de trop. Une seconde qui te fait comprendre que tu n'es pas « prévu » dans l'image qu'il se fait de ce lieu. Ensuite, il fait un signe de la tête : « Passe ».

Il ouvre mon sac. Il tombe sur mon cahier couvert de notes et sur un flyer d'une association de quartier. Il lève les yeux et me demande presque machinalement : « Vous êtes stagiaire ? » Je réponds : « Non. Je suis responsable d'un centre de formation. » Il y a un petit temps d'arrêt. Une surprise silencieuse. Il referme le cahier, puis il me tend le badge Visiteur, avec une photo pixelisée. Un badge léger, mais qui pèse dans la tête. Quand je l'accroche à ma veste, je sens physiquement ce que ça veut dire : je viens d'entrer dans un autre monde.

Quelques minutes après, je pénètre à l'intérieur de l'immeuble. Les bâtiments sont nickels. Les couloirs silencieux. Les bureaux bien rangés. Je croise des hauts fonctionnaires, des conseillers, des chargés de mission.

Je me retrouve dans un ascenseur avec deux cadres qui discutent tranquillement de chiffres, de statistiques et de cadrages. L'un dit : « J'ai vu les chiffres de l'INSEE sur les QPV, on va devoir ajuster le cadrage… ». Je les écoute à moitié. Pas parce que ça ne m'intéresse pas, au contraire. Mais parce que je viens de traverser trop de choses en quelques minutes. Je viens de passer les portiques ; d'être regardé comme un intrus ; d'accrocher un badge « Visite » ; et maintenant, dans cet ascenseur silencieux, j'entends parler de mes quartiers comme d'une variable. Comme d'un dossier. Comme de cases sur un tableau.

Je ne suis plus dans un centre de quartier avec des ballons qui traînent, des jeunes qui rient, qui crient, la vie partout. On est loin du bruit, des odeurs, du chaos organisé des quartiers. L'atmosphère est presque clinique. J'ai l'impression d'avoir atterri sur une autre planète. Et pourtant, je suis là.

Alors je fais ce que j'ai toujours fait : j'observe. Mais cette fois, le constat est douloureux.

Un autre langage

C'est à ce moment-là que je commence à mesurer le choc des mondes. Pas juste une différence de décor. Pas juste un choc culturel. *Un fossé.* Un écart invisible entre mon profil et cet univers ministériel. Une distance faite de codes, de vêtements, de réseaux, d'habitudes... et de langages.

Le travail sur la réforme dure presque un an. Les commissions rassemblent des cadres de l'État, des responsables de formation comme moi, des représentants de branches professionnelles, et quelques autres personnes issues directement du terrain. Je me rends au ministère au moins une fois par mois, pour entendre parler de *diagnostic territorial, ingénierie de projet, pilotage, évaluation, cadre d'intervention, partenariats opérationnels.* Chaque réunion ressemble à une traduction simultanée d'un texte que je connais... mais dans une autre version.

La langue de l'action publique, c'est une langue à part entière, avec ses codes, ses sigles, ses phrases toutes faites, ses logiques internes. Un dialecte que ceux qui baignent dedans depuis longtemps parlent avec une aisance naturelle – mais que moi, je ne comprends pas.

L'un des premiers documents qu'on me demande de lire, c'est un rapport d'environ trente-cinq pages. Dedans, il y a des sigles à chaque ligne ; des chiffres ; des méthodologies ; des objectifs stratégiques ; des indicateurs ; des dispositifs... Dans certains paragraphes, il y a tellement d'acronymes que je dois relire trois fois avant de comprendre. Je me sens comme un étranger dans un pays dont je ne parle pas la langue.

Et je me dis qu'ils parlent de nos réalités… mais avec un langage qui ne les touche jamais directement. Je comprends surtout que si je veux me faire une place dans ces espaces-là, si je veux peser et me faire entendre, je dois apprendre à parler comme eux.

Pas pour me renier. Pour être entendu.

La rage d'apprendre

Malgré mon niveau bac+2, mon expérience et les responsabilités que j'ai cumulées à cette période-là, je sens que je suis arrivé à un plafond. Dans les réunions auxquelles j'assiste, on traite de sujets complexes, avec des gens armés de diplômes et de jargon technique. Si je veux suivre, je dois monter en compétences. Alors je décide de retourner me former.

Je m'inscris pour rejoindre une formation de Responsable d'entreprises de l'économie sociale et solidaire (ESS) auprès du centre de formation Soluni, à Rueil-Malmaison. Des cours de niveau Licence. On est en 2014, sous l'ère de la loi Benoît Hamon.

Le jour de l'inscription, le directeur de la formation me regarde entrer comme si je m'étais trompé de salle. D'ailleurs, il ne s'en cache même pas. Quelques minutes plus tard, il me demande clairement : « Vous êtes sûr que vous voulez vous inscrire ? »

Honnêtement, je suis un peu à l'ouest. Mais j'ai la rage d'apprendre. Alors je lui réponds en rigolant : « Oui, je suis sûr. Et je resterai jusqu'au bout. »

Quand la formation démarre, je suis tellement avide d'apprendre qu'à chaque cours, je demande si je peux brancher mon dictaphone. Je veux écouter, puis réécouter chez moi. À la maison, je reprends mes notes, mets à jour mon carnet, cherche les mots que je ne comprends pas, traduis ce langage nouveau.

On est une trentaine d'inscrits au départ, mais à peine plus d'une quinzaine à finir la licence. Et je termine parmi les trois premiers de la promo.

Le même directeur, celui qui doutait de moi, doit signer mon diplôme. Je ne dis pas ça pour l'ego. Pour moi, c'est un rappel : quand tu as soif d'apprendre, que tu es prêt à travailler, tu peux retourner à l'école à n'importe quel moment de ta vie.

C'est un principe que j'ai gardé depuis : aujourd'hui encore, je vais me former environ tous les trois ans. Pas pour collectionner les diplômes ; mais pour m'améliorer, gagner des compétences et élargir mes perspectives.

Et cette licence-là, comme toutes les formations qui ont suivi, m'a donné des clés : avoir une culture professionnelle solide ; comprendre le langage administratif ; et éviter de tomber dans le syndrome de l'imposteur.

Traduire le jargon en réel… et inversement

C'est donc comme ça que, petit à petit, je découvre qu'à chaque expression technique, on peut rattacher des choses très simples. Par exemple, l'*ingénierie de projet*, c'est juste la manière d'organiser une action pour qu'elle soit réalisable, cohérente, financée. Le *pilotage*, c'est le fait de faire en sorte que personne ne navigue à vue : donner les infos, fixer un cap, rappeler les objectifs, vérifier qu'on ne s'égare pas.

À force de formation, de lectures, de réunions, ce qui me paraissait hostile au départ devient compréhensible. Et quand tu comprends le langage d'un système, tu peux enfin commencer à avoir du pouvoir sur lui.

D'autant qu'au ministère, le groupe de travail avance. Le sujet qu'on traite est loin d'être neutre : le BAPAAT touche à la porte d'entrée des futurs animateurs professionnels. On discute de tout : la nouvelle architecture du diplôme, le niveau attendu des candidats, le nombre d'unités capitalisables, et surtout une question : à qui ce nouveau diplôme va-t-il *vraiment* bénéficier ?

Moi, je viens à ces réunions avec en tête les parcours des jeunes inscrits dans le centre de formation où j'interviens en tant que coordinateur. Des jeunes en décrochage. Des animateurs qui veulent se professionnaliser, mais qui ont peur de retourner « à l'école ». Je pense, par exemple, à Karim.

Karim, c'est un jeune qui est arrivé chez nous après un CAP abandonné. Il n'est pas à l'aise avec l'école. Allergique aux contrôles écrits. Dès qu'on parle de dossier, de rédaction, de validation, il se ferme. Mais dans l'opérationnel… c'est un autre homme.

Avec les enfants, il est naturel. Il sait mettre une ambiance sans être dans l'agitation. Il sait calmer un conflit avant qu'il ne se transforme en bagarre. Il repère tout de suite les gamins qui partent dans tous les sens. Il a une autorité douce. Et surtout, il rassure les parents. Pas avec des grands mots ; avec une présence, une posture, une façon de parler. Mais dès qu'on ramène la question du diplôme, son visage change.

Un jour, après une séance un peu difficile, il me lâche, presque comme un aveu : « Franchement, Lufian… je ne sais pas. Je ne suis pas fait pour les diplômes. Je sais faire le taf, mais les dossiers, c'est pas pour moi. Si pour être animateur, il faut écrire comme à l'école… c'est mort. »

Cette phrase, je la garde dans un coin de ma tête. Parce que je sais que Karim n'est pas un cas isolé. Il est juste un exemple évident de quelque chose qu'on ne veut pas toujours voir : il y a des gens qui ont le métier dans le corps, mais qui n'ont pas les codes scolaires. Et si tu construis un diplôme uniquement pour ceux qui sont à l'aise avec le papier, tu élimines ceux qui pourraient être les meilleurs sur le terrain.

Et donc, quelques mois plus tard, je suis en réunion au ministère et on parle du nombre d'unités capitalisables qu'il faut valider pour décrocher le nouveau diplôme.

Une *unité capitalisable*, c'est un de ces mots techniques pour nommer quelque chose de simple : un ensemble de compétences professionnelles, un « bloc » de matières qu'un candidat peut passer indépendamment des autres et qui, une fois validé, est définitivement acquis – pas besoin de le repasser. Il faut avoir toutes les unités pour décrocher le diplôme. Et on parle de « capitalisables » parce que tu peux choisir de passer le diplôme d'un coup ou alors de capitaliser les UC une par une, à ton rythme, jusqu'à avoir tout le diplôme.

En commission, les débats sont donc techniques – mais pendant qu'ils parlent, moi je vois Karim. Alors je prends la parole. Je dis calmement : « Si vous faites un diplôme trop difficile d'accès, vous allez décourager ceux pour qui il est censé exister. Je ne parle pas en théorie. Je parle de jeunes que je vois tous les jours. Des jeunes qui ont quitté l'école tôt, mais qui savent animer une activité, gérer un groupe, protéger des enfants, apaiser des tensions. Vous voulez leur tendre une perche, ou les tester pour les éliminer ? »

Un cadre me répond d'un ton un peu sec : « Oui, mais ce n'est pas parce qu'ils ont arrêté l'école en troisième qu'on va brader le diplôme. Un diplôme doit rester exigeant. » Je comprends l'idée, mais je ne suis pas en train de demander qu'on baisse le niveau. Je demande simplement qu'on arrête de confondre exigence et sélection sociale.

Alors je souligne une incohérence flagrante : à ce moment-là, le BPJEPS – diplôme de niveau 4, c'est-à-dire un équivalent bac – demande quatre unités capitalisables, alors que celui que nous sommes en train de réformer, le BAPAAT – un diplôme de niveau 5, qui va devenir le CPJEPS – en exige dix. Comment justifier qu'un diplôme censé être une porte d'entrée soit plus lourd que celui du niveau supérieur ? Les jeunes qui visent un niveau 4 ne doivent pas se retrouver avec plus d'obstacles que ceux qui préparent un niveau 5. Il faut leur redonner le goût d'apprendre, pas les écraser.

On argumente. On négocie. On bloque. L'ambiance se tend, parfois. Et moi, je m'accroche à ce détail qui n'en est pas un. Parce que derrière un chiffre, il y a des parcours de vie. C'est ça qui me tient. Même assis dans une salle du ministère, je n'oublie pas d'où je viens. Et puis, je ne suis pas seul : d'autres me rejoignent, parce que les arguments sont là, parce que ce qu'on dit tient debout.

À un moment donné, certains finissent par comprendre que réformer un diplôme, ce n'est pas seulement organiser des compétences sur un tableau. C'est décider qui on autorise à entrer… et qui on laisse sur le palier. Et finalement, le CPJEPS est fixé à quatre unités capitalisables.

« Tu parles comme eux… mais on sent que tu viens de chez nous »

Au fil des réunions et des formations, je finis par maîtriser le langage qui me paraissait barbare au départ. Nommer les choses en utilisant des mots que les institutions comprennent. Et expliquer simplement aux personnes que je vois chaque jour, sur le terrain, les mots techniques quand il y en a besoin.

Je me souviens d'un soir, après une grande réunion de quartier. Un de ces conseils où tu présentes un projet institutionnel, avec des partenaires, des élus, des documents, des cadres, des délais. Je passe une heure à expliquer les contraintes budgétaires, les procédures, les détails. Ce qu'une institution peut faire et ce qu'elle ne peut pas. Je sais que c'est frustrant pour certains. Parce que dans une salle comme ça, il y a souvent deux mondes qui se croisent sans se comprendre : ceux qui parlent *cadre* et ceux qui parlent *vie*.

En sortant, un jeune vient me voir. Il me regarde et il me dit presque en rigolant : « Franchement, Lufian… dans la réunion, tu parles comme eux. Mais on sent que tu viens de chez nous. Comment tu fais ? »

Sa phrase me marque. Parce qu'elle pose des mots précis sur une frontière invisible, mais que je constate depuis maintenant quelques années. Cette ligne fine entre deux langages, deux cultures, deux manières de voir le monde.

Je lui réponds simplement : « Mon rôle, c'est ça.

Comprendre leur langage pour pouvoir te l'expliquer dans le tien. Et comprendre le tien pour pouvoir le traduire dans le leur. » Il me sourit et poursuit : « En vrai, t'es un interprète, toi. Pas de l'anglais, pas de l'arabe, pas du lingala… mais de deux mondes. »

Ce soir-là, je me dis : c'est exactement ça. Je suis un traducteur entre le monde institutionnel et le monde du terrain. C'est devenu, avec le temps, ma colonne vertébrale.

Parce qu'on parle souvent de démocratie participative. On dit que les habitants doivent venir, participer, s'exprimer. Mais trop souvent, ils sortent des réunions plus perdus que quand ils sont entrés. On leur demande de s'impliquer dans un langage qui n'est pas le leur, d'entrer dans un cadre qu'on ne leur a pas appris.

Alors oui, mon rôle, c'est d'être ce pont. Prendre la parole des habitants et la porter là-haut sans la trahir, sans la transformer, sans la tordre pour qu'elle rentre dans une case. Juste la rendre audible. Et en même temps, ramener les contraintes, les règles, les décisions, et les expliquer sans mépris, sans jargon, sans distance.

Être traducteur, ce n'est pas répéter : c'est rendre compréhensible. C'est permettre que deux mondes se parlent vraiment. Concrètement. Et moi, je crois que c'est ça, être utile : parler la langue de l'État… sans oublier la langue du terrain.

•

Les équilibres à préserver

La stabilité familiale a toujours représenté un socle dans ma vie. Un point d'appui constant, déterminant dans la manière dont j'ai construit mes choix et conduit mes actions. Engagé, oui, mais mari avant tout. Professionnel de l'action sociale, oui, mais papa au quotidien.

C'est un équilibre qui n'est pas figé mais qui se construit dans le temps, au rythme des étapes de la vie de couple, des naissances, de l'évolution de nos enfants. Ces étapes ont influencé mes décisions, non pas en mettant l'engagement à distance, mais en l'ancrant plus profondément dans le réel.

Même quand ce réel ne touche pas directement mon foyer.

Même quand ce réel est dramatique.

Ali

Un mardi de l'année 2016, vers midi, alors qu'il sort de l'école pour rentrer déjeuner chez lui, Ali est renversé par une voiture. Il traversait la rue, accompagné de son frère, lorsqu'il a été percuté. À deux cents mètres d'un passage piéton. L'enfant souffre d'un traumatisme crânien et est plongé dans le coma durant plusieurs jours. Il n'a que huit ans.

Cet accident ébranle tout Vitry. Il n'y a pas de mots pour qualifier ce que ressent sa famille. Les habitants tentent de la soutenir comme ils peuvent. Je propose d'organiser une marche blanche – et les Vitriots se mobilisent en masse. Même les élus y participent, et un journal de presse bien connu couvre l'événement.

Ça touche chacun de nous, en tant que riverains… et en tant que parents. Parce que l'accident s'est produit à la sortie d'une école fréquentée par *nos* enfants. Un endroit où des voitures arrivent parfois à toute vitesse, où d'autres se garent un peu n'importe comment sur le trottoir. On ne peut pas prendre le risque que ce type de drame arrive à nouveau.

C'est comme ça que, progressivement, une nouvelle dimension vient s'ajouter presque naturellement à mon engagement : m'investir en tant que parent d'élèves. Avec un collectif de parents d'élèves, on décide de militer pour l'installation d'un ralentisseur.

Puis, au fil du temps, on porte d'autres demandes : l'ajout d'un enseignant pour soulager la directrice, le remplacement plus rapide de professeurs absents, des problématiques auxquelles on s'intéresse de près en tant que parents d'élèves.

J'ai porté ce mandat de parent d'élèves pendant trois ans,

puis ma femme a pris le relais, jusqu'à ce jour.

Et en parlant d'aujourd'hui : Ali va très bien. Il est sorti du coma, a grandi normalement et mesure maintenant près d'un mètre quatre-vingt-dix. On a gardé des liens très forts avec son papa. Et on a obtenu l'installation d'un ralentisseur.

Cet événement m'a mis face à une réalité : être parent, ce n'est pas seulement élever ses enfants. C'est aussi se battre pour le cadre dans lequel ils grandissent, parfois pour le défendre, parfois pour aider à l'améliorer.

Et, sans m'en rendre compte, mon action qui était jusqu'ici centrée sur le volet social, commence doucement à prendre une dimension plus sociétale.

Entre deux étages

Avec Lol'idays, les projets continuent aussi d'avancer. On met en place un comité de pilotage avec la mairie, le département et les associations caritatives de Vitry. Et la première épicerie solidaire de la ville ouvre ses portes en 2018.

En parallèle, mon investissement institutionnel se développe. Mon mandat d'administrateur à la Fédération des centres sociaux continue. Je participe aussi à des travaux à l'échelle nationale : commission Plan Pauvreté, formation Valeurs de la République et Laïcité. Je me retrouve dans des cercles où je n'aurais jamais imaginé mettre les pieds quelques années plus tôt.

Pendant un temps, j'ai l'impression de tenir en équilibre : un pied dans le terrain, un pied dans l'institution. Les deux langues commencent à se répondre. Je me dis que j'ai trouvé ma place.

Mais autour de moi, quelque chose change. Certains me trouvent trop institutionnel. D'autres pas assez. Trop terrain pour les uns, et trop politique pour les autres. J'ai parfois l'impression de ne plus être seulement jugé sur ce que je fais, mais sur ce que je représente.

Je me souviens en particulier avoir travaillé dans une équipe où, à un moment donné, un nouveau dirigeant arrive. Il débarque avec ses codes, sa culture, sa façon de diriger. Très vite, un malaise s'installe. Comme s'il lui fallait me tester, me pousser à l'échec, prouver que « le terrain » ne suffit pas.

Un jour, en réunion de direction, il me prend pour cible. On parle d'un projet jeunesse que j'ai porté avec mon équipe. Quelque chose qui a très bien fonctionné – les chiffres et retours le disent : les jeunes ont adhéré, les familles ont suivi, l'équipe s'est mobilisée. Autour de la table, tout le monde reconnaît que ça a été utile. Mais lui veut marquer son territoire. Il tranche devant tout le monde : « Oui… mais tout ça manque de rigueur. On ne voit pas la méthodologie. On ne voit pas la stratégie. Ça reste très empirique. »

Je comprends ce que « empirique » veut dire dans sa bouche : pas *issu du réel*, ce n'est *pas assez sérieux, pas assez technique, pas assez institutionnel*. Je demande, calmement : « Concrètement, qu'est-ce qu'il manque ? On peut clarifier les objectifs, renforcer la méthodologie. Mais les résultats sont là. » Il répond de manière presque méprisante, en me faisant comprendre qu'on ne pilote pas une collectivité comme une station de quartier.

Je ravale ma colère, je prends des notes, je reste calme. Mais à l'intérieur, ça brûle. Parce que ce n'est pas une remarque technique. C'est une attaque identitaire. Une manière de dire : « tu n'es pas du bon monde. »

À la fin de la réunion, je descends dans le hall, avec cette phrase de mépris qui me trotte encore dans la tête. À ce moment-là, un animateur me croise, sourire franc : « Chef… merci pour le voyage de découverte culturelle et solidaire qu'on a monté. Les jeunes qui y ont participé n'arrêtent pas d'en parler. Ils demandent déjà ce qu'on va refaire. »

Et je prends le décalage en pleine face : un même projet, mais deux réalités. En haut, on me fait comprendre que je ne suis pas au niveau. En bas, on me dit que ce qu'on fait a bien du sens. C'est là que je comprends ma bataille : tenir entre ces deux étages. Garder la tête froide dans les réunions où on te juge sur des codes. Garder le cœur vivant sur le terrain où on te juge sur ton utilité.

Toutes mes réunions en milieu institutionnel ne se passent pas de cette manière, et heureusement. Mais cette expérience me permet de réaliser que trouver sa place dans une institution, ce n'est pas seulement être compétent. C'est résister à la façon dont certains veulent te réduire à une certaine place. Apprendre à être stratégique, sans renier ce qui fait ta force.

La face visible et la face cachée

Alors j'apprends. Je ne me braque pas. Je décode ce qu'on me dit vraiment. Je comprends que ce monde-là a sa propre logique.

Pour ne pas me laisser happer par un sentiment d'illégitimité, je reste sur la ligne que j'ai adopté depuis quelques années : je retourne régulièrement en formation.

Tous les trois ans, je me « recycle » : nouvelles compétences, nouveaux diplômes. Pas pour faire joli, mais pur me rappeler : *tu n'es pas là par hasard. Tu as ta place.*

Et puis, je découvre un autre choc : l'avant de la scène et les coulisses. La face visible et la face cachée.

Le grand public imagine les institutions comme des lieux où les décisions se prennent. On arrive, on débat, on vote, on tranche. Pendant longtemps, moi aussi je crois ça.

Mais je finis par comprendre que la salle de réunion n'est pas toujours l'endroit où tout se décide. Elle ne sert parfois qu'à valider, mettre en scène, officialiser. À maquiller des désaccords sous des formules neutres. Les vraies décisions, elles se préparent avant : dans les couloirs, à la pause, dans les coups de fil la veille, dans les petits groupes informels qui se connaissent depuis longtemps.

Je m'en rends compte le jour d'une grosse réunion sur un dispositif jeune. J'arrive prêt. Mes notes structurées, des arguments solides, une envie de défendre, la soif de convaincre.

La réunion commence, on déroule l'ordre du jour. Chacun donne son avis… en apparence. Et au bout de vingt minutes, je sens un truc étrange. Certains élus ne parlent presque pas. Deux directeurs évitent de se regarder. Dès que quelqu'un touche un point sensible, on esquive : « Oui, ça, on le traitera plus tard dans un cadre adapté. » À la fin, on valide un compromis mou. Acceptable. Un compromis qui ne dérange personne – pas celui qui répond vraiment au besoin.

En sortant, un collègue plus ancien me glisse avec un sourire : « Tu croyais vraiment que ça allait se jouer là-dedans ?

Les décisions, ils les prennent depuis hier soir. Ils se sont appelés. Nous, là… on fait la mise en scène. » Et là, je prends un choc. Je me demande : *mais alors, à quoi je sers ?*

Ce jour-là, je comprends une règle que personne ne t'explique : parfois, la réunion, c'est comme une pièce de théâtre. Le vrai match peut s'être joué ailleurs. Dans les apartés, les coups de fil, les « on se voit deux minutes après ».

À partir de là, je change de stratégie. Je ne me contente plus de bien parler en réunion. Je deviens présent avant : dans les échanges préparatoires, dans les notes de cadrage, dans les moments informels où se construisent les vraies décisions.

Travailler en coulisses… sans se perdre

Mais il y a un autre piège, plus sournois.

Quand tu rentres dans l'institution, tu peux te faire absorber. Tu peux te mettre à vivre au rythme de ses urgences, de ses agendas, de ses humeurs. Et un jour, tu te réveilles et tu ne sais plus vraiment qui tu es, ni où tu vas.

Cette prise de conscience, je l'ai eue quelques années plus tôt, à l'occasion d'une scène qui peut paraître banale, mais qui pourtant m'a marqué.

À ce moment-là, je suis directeur d'un centre social, dans sa troisième année. Le projet social de la structure arrive à terme et il faut le retravailler : diagnostic, objectifs, actions, partenaires, participation des habitants – un gros morceau. Et comme j'ai pris du retard, je décide de l'emporter… en vacances.

On part avec ma famille en Espagne.

Le soleil tape. Les enfants rient. Les gens lisent des magazines. Et moi je suis là, sur une chaise en plastique, ordinateur sur les genoux, dossiers étalés sur une serviette. Je reformule des phrases. Je planifie. Je pense à tel jeune croisé, à telle mère rencontrée, à ces histoires qui méritent une réponse. Je me répète que ce projet peut changer des choses.

Mes fils viennent me voir : « Papa, tu viens dans l'eau ? On fait une course ! » Je réponds : « J'arrive, je termine juste un paragraphe. » Je le termine, je sauvegarde mon travail, je range mon ordinateur, puis je vais jouer avec mes enfants. Et le soir, je recommence.

Quelques jours plus tard, de retour de congés, je présente mon projet en réunion. Je suis rincé, mais fier ; fatigué, mais content. Je pose mes documents sur la table. La personne feuillette sans vraiment lever les yeux. Elle referme la chemise cartonnée, puis lâche : « Non. Ce n'est pas ce qu'on veut faire cette année. On part sur autre chose. »

Point final. Pas d'arguments. Pas de discussion. Pas de vraie explication. On est en période électorale.

Je sors de la salle avec un nœud dans le ventre. Je pense à mes enfants à la piscine. À ce temps volé à ma famille. À ce travail balayé en dix secondes.

Longtemps, j'ai cru que l'engagement demandait une disponibilité presque totale : être partout, tout le temps. Répondre à chaque sollicitation. Ne jamais dire non.

Mais la famille m'a enseigné l'inverse : choisir, hiérarchiser, accepter certaines choses et en refuser d'autres. Avec ma femme, on a appris à mettre certaines questions sur la table, sans faux semblants. Pas dans de grandes déclarations, mais dans des discussions simples. Comment on s'organise ? Qui peut se permettre de s'absenter, et quand ?

Avec le temps, j'ai compris que l'épuisement n'est pas une preuve de sincérité, et que brûler toutes ses forces en quelques années ne change pas le monde plus vite. Certains postes n'ont jamais été envisagés. Certaines opportunités ont été mises de côté. Voyager moins, déléguer plus, parfois ralentir.

Il y a des arbitrages invisibles, rarement racontés, qui façonnent une trajectoire d'engagement. Les décisions qui permettent de préserver l'équilibre familial en font partie.

Ma vie de famille est mon repère, ma priorité. Elle m'oblige à faire des choix, à accepter des limites, à inscrire l'action dans le temps long. Elle me rappelle surtout que l'engagement a des effets concrets sur ceux avec qui je partage ma vie. Qu'il est important de garder une cohérence entre ce qu'on fait et ce qu'on vit, et de penser, parfois sans le formuler, à ce qu'on transmet par l'exemple, en tant que mari et en tant que père.

En 2019, notre quatrième enfant naît, une petite fille.

Les naissances de mes enfants ont marqué des tournants, à chaque fois. Un enfant ne négocie pas avec un agenda. Il a besoin d'amour, de protection, de la présence de ses parents. Il a faim, doit recevoir des soins, être accompagné. Et c'est précisément là que quelque chose se déplace : chaque choix devient plus mesuré, chaque absence doit avoir un sens, chaque présence aussi. Il ne s'agit pas de renoncer, mais de se recentrer sur ce qui compte vraiment.

Nazui diplôme

Je continue de croire que l'engagement est avant tout une affaire collective, et que les trajectoires individuelles importent moins que les dynamiques qu'elles rendent possibles. C'est vrai pour notre famille biologique, c'est vrai aussi pour ceux qui sont pour nous comme une famille d'adoption.

Et moi, je n'ai jamais oublié les orphelins de Ndjili. J'ai levé le pied sur l'international, oui – mais je continue à suivre toute cette génération qui a grandi derrière moi.

Ces orphelins ne sont plus des petits. Ce sont maintenant de jeunes adultes. Je les ai vus traverser toutes les étapes : la maternelle, le primaire, le secondaire… jusqu'au bac. Et avec mon ami Amani, on veut continuer de les accompagner, pour qu'ils aient les meilleures chances de réussir leurs études supérieures. Parce qu'au Congo, décrocher le bac, ce n'est pas la fin du chemin. Intégrer ensuite les bonnes études devient toute une bataille. Et nous, on ne peut pas avoir accompagné ces enfants jusqu'ici pour les laisser se noyer à l'étape d'après.

Alors on lance un projet simple et ambitieux à la fois : *Nazui diplôme* (« J'ai eu mon diplôme »). L'idée, c'est un « diplôme tour », une dynamique qui parle aux jeunes parce qu'elle parle leur langage.

Au Congo, les pourcentages comptent beaucoup dans le parcours d'un étudiant, donc on transforme ça en moteur : on stimule les jeunes pour qu'ils donnent le meilleur d'eux-mêmes, on les encourage, on valorise l'effort – et surtout, on ouvre une porte. On offre aux meilleurs lauréats la possibilité de décrocher une bourse pour aller étudier à l'étranger. Le but de notre initiative, c'est donc d'aider les étudiants à financer de bonnes études, puis veiller à ce qu'ils reviennent au pays, au bout de deux à trois ans, une fois leur master en poche.

Le projet prend. Il s'étend même à d'autres provinces de la RDC : l'Équateur, le Kongo Central, le Lualaba… différents territoires se mettent à répondre. C'est comme ça que, dès la première édition, on démarre avec une cinquantaine d'étudiants – dont dix orphelins de Ndjili – à qui on permet d'aller étudier en Tunisie. Puis, au fil des années, on passe à cent, trois cents, quatre cents lauréats.

Un de mes anciens, là-bas au pays, me répète souvent : « Lufian, votre projet-là, il est énorme. Ce que vous faites-là, ça va être repris, ça va remonter jusqu'au sommet. »

Et il a raison.

Quelque temps plus tard, j'ai l'occasion de participer au sommet de l'Union africaine, à Niamey. Et là, on m'introduit auprès du président Tshisekedi, tout juste arrivé au pouvoir, et de son épouse. Il se trouve que la première dame du Congo a particulièrement à cœur l'éducation, l'excellence et la formation de l'élite de demain.

Excellentia

L'État congolais ne découvre évidemment pas le concept de bourses à travers *Nazui diplôme* : l'aide financière à des Congolais étudiant en RDC ou à l'étranger existe depuis bien longtemps. Mais pour diverses raisons, le programme national s'est fortement affaibli depuis plusieurs années, notamment pour ce qui concerne les bourses d'études à l'étranger. Au point de devenir quasiment exceptionnel.

À son arrivée à la tête du pays, le couple Tshisekedi a donc déjà en tête de réformer le système. Et lorsque je présente à la première dame *Nazui diplôme*, ça l'intéresse particulièrement, car elle est précisément arrivée à l'étape de la transformation de ses intentions en plan d'action. Elle nous propose d'aider la fondation Denise Nyakeru Tshisekedi à lancer un programme autonome, inspiré de notre expertise.

C'est comme ça qu'on finit par passer d'un projet local à un programme élargi à l'ensemble du pays. On travaille en tant que consultants auprès de la fondation, en collaboration avec le directeur adjoint de cabinet de la première dame, les équipes de la fondation et Campus France. On monte l'ingénierie du dispositif : les critères de sélection, le cadre, le parcours, l'accueil. On prospecte des écoles françaises – à Paris, à Bordeaux et dans d'autres villes universitaires – qui acceptent de s'engager dans ce partenariat. Et pour laisser toute la place au plaidoyer de la première dame, on décide d'arrêter *Nazui diplôme*.

Le programme de la fondation est baptisé *Excellentia*. Il est officiellement ouvert en 2020. Et mon équipe et moi, on a l'honneur de recevoir sa première sélection d'étudiants quand elle arrive à Paris. Après cette première édition, mon ami continue à accompagner le projet depuis la France, avant de passer la main l'année suivante.

Je suis depuis reparti vers d'autres horizons. Mais le projet vit encore aujourd'hui : *Excellentia* n'est plus porté par la fondation Denise Nyakeru Tshisekedi, mais est devenu un programme national officiel. Un dispositif entièrement financé par l'État congolais. Et la fondation de la première dame – renommée fondation Lona, depuis 2025 – reste chargée de l'exécuter d'un point de vue opérationnel.

Je suis fier d'avoir aidé à impulser un projet qui a inspiré les plus hautes instances de la RDC. Fier aussi de voir comment chacun de nous peut faire le pont entre la France et le pays de ses racines, en y apportant un peu de ce qu'il sait faire.

Mais ma plus grande fierté restera cette photo prise avec les orphelins de Ndjili, en juin 2019 : à l'Université privée de Sousse, en Tunisie – toques sur la tête et masters en poche.

Chapitre Dix

·

Le chemin que personne n'avait prévu

Et puis arrive cette période étrange en France. Les élections municipales de 2020. L'avant-présidentielle de 2022.

Les discours qui se durcissent. La peur utilisée comme carburant politique. L'abstention record aux élections de 2020, notamment dans les quartiers populaires.

Avec d'autres acteurs de terrain, on est écœurés. Écœurés de voir certains faire des quartiers populaires leur fonds de commerce : insécurité, violence, amalgames… toujours les mêmes images, toujours les mêmes raccourcis.

Alors on se dit qu'on ne peut pas juste regarder ça passer.

Parlons & Votons

Au départ, on est juste une poignée d'amis. Quatre présidents associatifs, quatre villes différentes, quatre réalités propres – mais la même fatigue au fond des yeux. Et la même certitude : si on n'y va pas, d'autres parleront à notre place.

On n'a pas d'appareil derrière nous. Aucune stratégie de parti. Mais on a dix années, parfois plus, à vivre les quartiers populaires de l'intérieur : y travailler, y rester, y encaisser, y tenir.

Alors on décide de créer une dynamique. Quelque chose de simple et direct.

Parlons & Votons.

Pas comme un slogan. Plutôt comme un réflexe, comme une nécessité. L'idée est simple : redonner envie, contredire cette petite musique qui dit que « les quartiers ne votent pas » et arrêter d'entendre répéter ce constat comme une fatalité. La vraie question, selon nous, c'est *qu'est-ce qu'on fait, concrètement, pour redonner envie de voter ?* Sans consigne, sans orientation imposée ; juste en redonnant le goût de la parole, du débat et du choix.

On décide donc d'aller à la rencontre des gens dans les rues, avec une question courte et directe :

« Si tu étais président, qu'est-ce que tu ferais pour le pays ? »

Et toi, qu'est-ce que tu changerais ?

Notre méthode est simple, presque artisanale.

On choisit un quartier. On y va avec quelqu'un du coin : un éducateur, un responsable associatif, une figure locale. Quelqu'un qui connaît les halls, les prénoms, les histoires. On commence par Vitry-sur-Seine, parce que c'est dans cette ville que la dynamique démarre. Et très vite, on élargit.

On fait des micros-trottoirs. On écoute. On laisse les gens parler. On prend la température. Puis on organise une rencontre-débat avec les jeunes, les habitants, les familles. Et après, on enchaîne avec des formations citoyennes : pourquoi voter, à quoi ça sert, qu'est-ce que ça change, comment ça fonctionne vraiment.

Au début, c'est fragile. La première réunion, je m'en souviens : une vingtaine de jeunes, pas plus. On a pu les attirer grâce à des influenceurs qu'ils connaissent. Ils sont motivés, mais méfiants. Et pourtant c'est déjà énorme. Parce que, dans certains quartiers, réussir à faire asseoir vingt jeunes pour parler des élections et de leurs enjeux, c'est déjà une victoire.

Alors on continue. On insiste, on revient, on ne disparaît pas après la photo. Et là, quelque chose se met en mouvement. Un effet boule de neige.

On commence à nous appeler : « Passez chez nous. » Le collectif *Parlons & Votons* s'étend à d'autres villes : Bondy, Creil, Fresnes, Grigny, Massy… on touche une vingtaine de communes en Île-de-France. On sillonne des salles municipales, des maisons de quartier, des halls d'immeubles parfois.

Les réunions grossissent. Le collectif passe de sept à trente personnes, de trente à cinquante. Et puis un jour, je lève la tête et je vois presque une centaine de jeunes autour de nous. Là, ça commence vraiment à parler.

Et partout, la même phrase revient : « On ne vote pas parce que ceux qui viennent nous parler ne nous ressemblent pas. Ou alors ils n'ont jamais vécu ce qu'on vit. Ou alors ils arrivent à la dernière minute. » Et quand ils voient ce qu'on fait, ils sentent la différence. Ils le disent : « Vous, vous ne venez pas juste parler. Il y a du vécu dans vos mots. »

Le collectif prend de l'ampleur. Des filles et des gars. Des jeunes et des moins jeunes. Des croyants et des non-croyants. Des personnes d'origine française, chinoise, pakistanaise, arabe, congolaise. Des éducateurs de rue, des entrepreneurs, des responsables associatifs, des producteurs, des gens du cinéma… Notre initiative devient un espace miroir de nos quartiers, où chacun apporte ce qu'il est, pour construire quelque chose de commun.

À un moment, même, le concept nous dépasse. On n'est plus toujours là. Des amis reprennent l'idée, à leur manière. Parce qu'on fait beaucoup de vidéos, parce que ça circule, parce que c'est simple : pas un grand discours théorique, juste une question posée au bon endroit, au bon moment. Les gens se disent : « Ça, on peut le faire aussi. » Pas besoin d'un logo compliqué. Pas besoin d'un budget énorme. Juste de la parole, de l'écoute, et un minimum de courage.

C'est là que je comprends que le collectif a pris corps. Qu'il ne dépend plus uniquement de nous. Il vit.

Mais pourquoi *toi*, tu n'y vas pas ?

Il y a une autre question qui revient, souvent à la fin de nos réunions. Une question personnelle cette fois. Toujours formulée différemment, mais avec le même fond :

« Tu parles de ces sujets avec justesse. Pourquoi *toi*, tu ne te présentes pas ? Pourquoi tu ne fais pas de politique ? »

Au début, je réponds non. J'explique que mon rôle, c'est d'être un acteur de terrain et de faire le lien avec les institutions. Traduire ce que vivent les habitants pour les pouvoirs publics.

Mais à force de l'entendre, la question s'installe en moi. Parce qu'en face, ce ne sont pas des discours abstraits : ce sont des habitants, des éducateurs, des parents, des jeunes. Des gens avec qui j'ai bossé, marché, construit.

Et cette question vient faire écho avec une discussion que j'ai eue un peu plus tard, en 2021, dans un tout autre contexte. Une vraie discussion. De celles qui restent.

Ce jour-là, je parle avec un élu. C'est un doyen, un homme respecté, d'expérience et qui connaît les institutions de l'intérieur. Il me regarde longtemps puis me dit calmement : « Lufian, ta colonne vertébrale, je la vois très bien. C'est l'éducation populaire. Mais à la cadence à laquelle tu avances, tu vas toujours être frustré. À chaque fois que tu viens me voir, tu fais des remontées solides, des analyses fines, des audits justes. Mais je sens que tu craques. Et tant que tu ne passes pas de l'autre côté – en tant que décisionnaire, en tant qu'élu – tu vas te heurter au même mur. »

Je comprends ce qu'il veut dire. Il ne me flatte pas. Il ne me pousse pas. Il me prévient.

Et puis 2022 arrive.

L'année où tout se resserre. L'année où la phrase du doyen et les questions des habitants interviewés dans nos micros-trottoirs, reviennent me frapper à la porte.

Parce qu'au fond, on ne peut pas reprocher au système de ne pas nous représenter si, nous-mêmes, on refuse d'y entrer.

Alors je décide de franchir le pas. Je décide de *prendre part*.

Pas de laisser parler à ma place, pas de déléguer à l'infini. Je décide de présenter ma candidature officielle aux élections législatives de 2022.

Les législatives 2022

C'est donc cette année-là que je décide d'arrêter de commenter le jeu depuis la touche. D'essayer de prendre part aux décisions au niveau national, en tant que député.

Parce que mon parcours, en France comme à l'étranger, me l'a clairement démontré : certaines batailles se jouent au niveau de l'État – dans des commissions nationales, dans le vote de lois, dans la transformation d'idées en programmes nationaux. L'expérience de terrain peut inspirer des dispositifs qui s'appliqueront à l'échelle du pays tout entier. Et moi, je fais le lien entre mon engagement et ma volonté de prendre part à cette nouvelle échelle.

Je ne suis pas dans le calcul à long terme. J'ai toujours eu cette sorte de capacité à transformer mon intuition en action – et rapidement. Ma force a toujours été la même : je suis quelqu'un de réactif. Un homme de terrain, quelqu'un qui va vite, qui sait mobiliser, rassembler, faire converger des énergies autour d'un objectif commun, parfois en très peu de temps. C'est cette même énergie qui m'a poussé, presque naturellement, à me lancer.

En quelques semaines, ma candidature prend forme. Sans expérience électorale, sans appareil politique pour me soutenir, juste avec des convictions, une légitimité de terrain et l'envie de porter une parole.

Autour de moi, j'ai une équipe citoyenne. Des bénévoles sincères et engagés. Aucun n'a déjà fait des législatives, mais on est animés d'une énergie brute. Et moi, je mets toute la mienne dans ce que je sais faire : aller vers les gens, porter une parole, tenir le lien. Le porte-à-porte. Les rencontres. La mobilisation. Les idées. Parler avec les gens, debout sur le palier, parfois dans l'embrasure d'une porte ou devant le stand d'un marché. Sans discours préparé, juste avec ce que je suis.

Ça peut paraître banal, mais pour moi c'est tout nouveau. J'ai toujours connu la politique par les conférences, les réunions, les débats ; jamais par le tractage et le contact individuel. C'est la première fois que je vis une campagne de l'intérieur, et je découvre que j'aime ça.

Les journées sont intenses. Les nuits aussi. Il faut faire des affiches. Trouver un imprimeur. Quelqu'un connaît quelqu'un, heureusement. On colle des affiches à minuit… parfois pas dans le bon sens. À six heures du matin, elles sont déjà arrachées. À sept heures, on repart. À huit heures, on cherche les murs où elles tiendront au moins une demi-journée. Quand une affiche tient une journée entière, c'est presque une victoire.

Pour ce qui concerne l'administratif aussi, on apprend tout en marchant. Il faut comprendre vite.

Pour pouvoir enregistrer ma candidature à la préfecture, il faut ouvrir un compte de campagne. On tente de le faire auprès d'une banque classique. Je me dis naïvement que ça va prendre une semaine, deux au maximum ; mais pour ce type de demandes, la banque doit faire plus de vérifications que pour l'ouverture d'un compte bancaire classique. Le process prendra finalement presque un mois et demi – l'ouverture ne sera effective qu'après le premier tour.

Entre-temps, le calendrier électoral, lui, n'attend pas. Il faut payer les affiches, la communication, la suite des dépenses de la campagne… Pris par l'urgence, on ouvre rapidement un compte bancaire en ligne. Le siège de l'établissement est basé en Allemagne. Pour nous, sur le moment, c'est juste un détail.

Ce compte est donc ouvert juste avant le premier tour, ce qui me permet de déposer le formulaire d'inscription auprès de la préfecture du Val-de-Marne dans les délais légaux : une semaine, peut-être deux, avant la date butoir.

On sort de la campagne électorale rincés, physiquement et mentalement. Mais moi, je sens que je suis à ma place.

Le résultat des votes tombe : 2,16 %. Pour moi, ce n'est *pas* une défaite. Certains disaient qu'on ne dépasserait même pas le demi-pourcent. Et ceux qui s'y connaissent un peu en politique savent que ce score, surtout quand il s'agit d'une toute première campagne, doit être regardé autrement.

Non, le résultat de cette élection n'est pas un échec. La chute, en revanche, vient juste après.

Trois ans ?!

Dans une campagne électorale, un détail administratif peut te revenir en pleine figure, parfois longtemps après.

Quelques mois après les élections, je reçois un courrier. Pas une convocation. Pas un échange. Juste une lettre. Son auteur : le Conseil constitutionnel.

Le courrier explique qu'après analyse de mes comptes de campagne, les attendus en termes de règles électorales ne sont pas respectés. Qu'en conséquence, mes comptes de campagne sont rejetés.

Je le prends comme une claque, mais ce n'est pas le pire. En fait, ce n'est pas juste un rappel à l'ordre. Derrière, il y a la sanction : « M. Lufian Ndongala est déclaré *inéligible* en application de l'article LO 136-1 du code électoral pour une durée de *trois ans* à compter de la présente décision. »

Le courrier dit que je peux faire un recours mais honnêtement, je suis complètement sonné.

C'est un ascenseur émotionnel assez violent : d'un côté, des gens qui s'y connaissent te disent que tu as fait une belle campagne, que c'est un score solide pour une première ; de l'autre, une décision administrative te disqualifie pour les trois prochaines années.

Ça fait mal.

Déçu oui, mais pas abattu

On associe trop souvent l'échec à la défaite. Pourtant, on peut perdre une bataille, sans s'avouer vaincu. Apprendre de ses échecs et de ses erreurs.

Alors, je décide de prendre de la hauteur et d'analyser les choses, avec un peu plus de recul.

Cette première campagne, clairement, n'a pas été préparée. On a démarré à la va-vite, dans l'urgence, sans prendre le temps de tout comprendre et de bien anticiper. Et sans personne expérimentée dans le domaine électoral dans notre équipe. Ce n'est pas de l'amateurisme par désinvolture, mais plutôt de l'inexpérience.

Les grosses machines politiques préparent généralement leurs élections un an à l'avance. Elles ont des équipes rodées – des juristes, des comptables, des communicants. Et surtout des comptes bancaires de campagne ouverts auprès des « bons » établissements bancaires, ceux conformes aux exigences du code électoral, depuis des mois. Même quand certains se déclarent officiellement tard, tout a déjà été arrangé en amont, et les gens savent exactement ce qu'il faut faire, comment le faire et quand le faire.

Nous, on découvrait tout ça : on était simplement portés par la dynamique de *Parlons & Votons*, pris dans notre élan. Et cette fougue a son revers.

Cet épisode m'a permis de tirer une grande leçon : pour avoir toutes ses chances en politique, il faut comprendre et maîtriser les rouages de la démocratie, dans l'ensemble de ses aspects – volet administratif compris.

Une pensée s'installe progressivement en moi, presque évidente : la décision du Conseil Constitutionnel ne doit pas marquer la fin de mon engagement. C'est un délai qui m'est laissé pour revenir plus solide. Une étape qui fait partie du chemin, pour m'obliger à apprendre, me structurer et gagner en rigueur.

Formé à l'ENDC

Après cette période, en 2023, quelqu'un qui me suit sur les réseaux me contacte. Il connaît mon parcours et veut en savoir un peu plus sur ce que je fais localement. Il me propose de venir voir les actions que j'ai impulsées dans ma ville.

Après cette rencontre, il me donne ce conseil : « Ce que tu as vécu en 2022, ce n'est pas un échec. C'est un signal. Si tu veux rebondir pour les prochaines échéances, il faut te préparer autrement. Tu devrais t'inscrire à l'ENDC. »

L'ENDC, c'est l'École nationale des directeurs de cabinet. Elle propose une formation niveau master 2, en partenariat avec l'IAE Metz et l'Université de Lorraine. Une formation aux métiers de direction de la vie publique et politique. Un cursus qui donne, notamment, de vrais outils professionnels pour comprendre le fonctionnement d'une mairie, d'un ministère, d'un cabinet, d'une campagne. Qui explique les rapports de force, les décisions, les temporalités. Ça me parle.

Mais je doute aussi. Repartir à l'école, pour chercher un niveau master 2… Est-ce que j'en suis capable ? Est-ce qu'à quarante et un ans, j'en ai encore l'énergie ?

Et puis je repense aux législatives, à ce que je n'avais pas suffisamment maîtrisé. Et je comprends une chose : si je veux vraiment comprendre les politiques publiques, le vote d'un budget, le fonctionnement d'une mairie ou d'un ministère, il faut que j'apprenne. Sérieusement.

Alors je décide de suivre son conseil et d'y aller.

Je me souviens de mon premier jour de cours. La salle de formation, les supports de droit public, de science politique, de communication institutionnelle. Autour de moi, des profils variés : des jeunes sortant de licence, des collaborateurs d'élus, des directeurs de cabinet déjà en poste mais sans diplôme, des élus en cours de mandat, des personnes en reconversion. C'est intergénérationnel. On est une soixantaine d'étudiants venus de toute la France.

Pendant presque un an, de 2023 à 2024, on bloque une semaine par mois pour le cursus. Je côtoie des personnalités politiques qui interviennent dans certains modules de la formation. Je prépare mon mémoire. Le sujet d'étude que j'ai choisi est « le trio gagnant pour une municipalité : l'élu, le directeur général des services et le directeur de cabinet ». Pour compléter mes travaux, j'interviewe des directeurs de cabinet expérimentés. Ça me plaît. Ça m'aide à mieux comprendre les rouages de la machine.

En 2024, je valide mon diplôme de Directeur de cabinet.

D'où je viens, et ce qui me relie

C'est aussi une période où je prends le temps de réfléchir. De parler avec mes proches, d'écouter des doyens, d'échanger avec les bénévoles et les salariés que je côtoie au quotidien. J'essaie de recueillir leurs avis, leurs doutes, leurs conseils sur la suite. Parce que dans ma tête, rien n'est arrêté : j'avance prudemment, en posant des questions.

Un jour, je me retrouve dans un quartier où j'ai grandi. Je discute avec quelques anciens, des parents et des éducateurs. On parle de ceux qui sont partis « là-haut ». De ceux qui, une fois à des postes de responsabilité, ont fini par perdre le lien avec leur point de départ. Et quand j'évoque l'éventualité d'une campagne, on me rappelle cette crainte que j'entends souvent.

Et ce jour-là, une mère prononce une phrase que j'ai gardée en mémoire : « Le problème, ce n'est pas qu'ils montent. Le problème, c'est qu'une fois en haut, ils oublient d'où ils sont venus. »

Un silence suit. Les regards se tournent vers moi.

Puis quelqu'un ajoute : « Toi, on te connaît. On sait ce que tu as fait ici. Si un jour tu vas là-bas… n'oublie jamais d'où tu viens. Laisse la porte ouverte pour ceux qui viendront après. »

Je me contente de répondre que si je décide un jour d'y aller, ce sera justement pour ça.

Sur le chemin du retour, je repense à tous ces visages. Aux jeunes accompagnés. Aux mères soutenues. Aux collègues de terrain. Aux habitants fatigués de promesses souvent répétées, mais rarement tenues.

Et je comprends que cette phrase, ce n'est pas un compliment. Ce n'est pas une attente flatteuse. C'est une responsabilité transmise. Si un jour je porte un mandat, ce ne sera pas pour changer de monde : il me faudra rester à portée. *De tous.* Maintenir des passages ouverts entre ceux qui vivent les réalités et ceux qui prennent les décisions. Faire attention, chaque jour, à ne pas rompre ce lien fragile.

Je sais que cette phrase m'accompagnera toujours comme un rappel discret. Elle ne me protègera pas de l'erreur, mais m'obligera à rester vigilant. La vérité, c'est qu'un mandat n'est jamais en soi une arrivée. C'est simplement un passage, une étape, un outil parmi d'autres dans un parcours d'engagement.

Conclusion

•

Si je devais résumer mon histoire jusqu'à ce jour, je parlerais d'un cheminement. Un parcours fait de rencontres, de chocs, de victoires. Et de clés que la Vie m'a mises dans les mains, au fil du temps.

Ces clés ont transformé l'enfant exilé que j'étais en homme engagé. Des apprentissages simples, mais vrais.

Comprendre qu'il existe une autorité naturelle qui vient du lien, de la relation vécue. Apprendre à observer avant de parler. Découvrir qu'on peut choisir sa trajectoire, même quand tout semble déjà écrit. Et surtout : réaliser que la colère peut tout détruire… mais qu'une colère saine, contre les injustices, peut aussi construire.

Petit à petit, le jeune que j'étais est devenu un professionnel de l'action sociale. J'ai appris à structurer mes projets, pour qu'ils puissent durer. J'ai compris qu'avoir une vision distingue celui qui réagit de celui qui construit. J'ai réalisé que faire grandir d'autres que soi, c'est investir dans l'avenir.

J'ai aussi intégré une autre vérité : le terrain peut parler très fort, mais si sa parole n'arrive jamais jusqu'aux décideurs, ils n'entendront pas le message. Et c'est en ça que les ponts, les relais sont utiles. Des représentants, parfois informels, parfois élus – mais qui, dans tous les cas, ne doivent jamais oublier qui ils sont, d'où ils viennent, et celles et ceux qui leur donnent stabilité et équilibre.

Écrire ces pages m'a ramené à l'essentiel : pourquoi j'ai commencé. Pour qui je me bats. Ce que je veux changer.

Parce que l'engagement, ce ne sont pas que des mots. La justice sociale n'est pas un simple slogan. Et la politique n'est pas qu'une affaire de ministères, de belles promesses ou de grandes déclarations.

La vraie démocratie, elle se joue aussi dans la vie de chaque habitant, dans les décisions concrètes qui touchent notre quotidien. Dans le choix d'ouvrir ou non un studio municipal aux jeunes, dans la décision de fermer un service dans un quartier populaire, dans la manière dont on parle des quartiers dans les médias, dans le budget qu'on met sur l'animation, la prévention, l'éducation populaire.

Longtemps, j'ai cru que la politique se passait loin de nous. En réalité, elle traverse nos vies tous les jours – souvent sans nous demander notre avis. Quand une ligne de bus est supprimée. Quand une classe ferme. Quand un centre social perd des subventions. Ce ne sont pas des idées abstraites : ce sont des morceaux de vie qui se compliquent, et parfois, qui s'effondrent.

Et aujourd'hui, j'en suis convaincu :

Quand on ne prend pas part, ce sont d'autres qui décident pour nous.

Et très souvent, ces « autres » ne connaissent pas les réalités du terrain, ou les ont seulement effleurées de loin.

Je ne dis pas que seuls ceux qui ont grandi dans les quartiers sont légitimes. Mais ceux qui les ont vécus de l'intérieur portent quelque chose de particulier : un regard, une lucidité, un engagement qui n'est pas seulement professionnel – mais existentiel.

Dans ce combat, on ne s'enrichit pas financièrement. Nos vrais salaires sont ailleurs : un jeune qui se relève ; une famille qui se reconstruit ; un quartier qui tisse du lien social ; des préjugés qui tombent ; des groupes qui, hier encore hostiles, commencent à faire des choses ensemble.

Je le sais désormais : la démocratie ne se répare pas avec des slogans. Elle se répare avec des femmes et des hommes qui acceptent de prendre leur part. Parce que l'engagement est un verbe qui se conjugue au quotidien, et au pluriel.

Au fond, mon histoire n'est pas celle d'un parcours parfait. C'est celle d'un parcours vrai. Celle de quelqu'un qui a choisi de prendre part, plutôt que de subir.

Ce livre n'est pas une fin. C'est une étape.

Et mon rêve, c'est que vous écriviez la suite.

ÉPILOGUE

•

———————————

Un jour, à la fin d'une réunion, je reste dans la salle alors que tout le monde sort. Les chaises sont presque toutes rangées. Il traîne encore quelques papiers, des gobelets et la fatigue de la journée qui flotte dans l'air.

Et là, un habitant s'approche de moi. Il me dit, d'un ton calme, presque résigné : « Lufian… tout ce que tu as raconté là sur les institutions, les projets… c'est bien. Mais moi, je crois que ce n'est pas pour nous. »

Je le regarde. Je lui réponds : « C'est quoi, *nous* ? »

Il hésite une seconde, puis il dit : « Nous… ceux qui viennent des quartiers. On dirait qu'il y a des postes, des réunions, des responsabilités… mais que c'est toujours pour les autres. Pas pour nous. »

Je lui fais signe de s'asseoir. Pas comme on commande à quelqu'un de se calmer. Comme on dit à quelqu'un : *je t'écoute.*

Je lui raconte un morceau de mon parcours. Les débuts. Les petits boulots d'animateur vacataire.

Je lui parle aussi de mes premières réunions dans les institutions. Celles où je ne comprenais rien. Les sigles. Les tableaux. Les phrases trop propres. Les discussions qui semblaient parler de ma vie… sans jamais la toucher. Et je lui raconte le moment où moi-même, je me suis dit que je n'étais pas à ma place ici.

Je le regarde et je poursuis : « Écoute bien. Ta place, personne ne va te l'envoyer par courrier. Personne ne va venir frapper à ta porte pour te dire : *Voilà, maintenant tu es légitime.* Mais ça ne veut pas dire qu'elle n'existe pas. Ça veut dire que tu vas la créer. En avançant. En te formant. En prenant des responsabilités, même petites au début. Pas besoin d'être parfait pour commencer. Tu as juste besoin de commencer, pour te construire. »

Il ne répond pas tout de suite. Il hoche la tête. Il a ce regard des gens qui ont entendu quelque chose de simple… mais que personne ne leur avait jamais dit comme ça.

Quelques mois plus tard, je le revois.

Il revient me voir, avec un sourire un peu gêné, mais fier.

Il m'annonce : « Voilà… je me suis inscrit comme bénévole dans une asso du quartier. On prépare l'aide aux devoirs avec les petits. » Et puis, il ajoute : « Je pensais à toi. Je me suis dit que peut-être moi aussi, j'avais une place quelque part. »

Ce jour-là, je réalise quelque chose de très clair. Une évidence. Ce que je transmets le mieux, ce n'est pas une méthode ou un outil.

C'est une idée simple :

Ta place existe, même si tu ne la vois pas encore.

J'ai parlé à cet habitant avec des mots simples. Je lui ai montré que moi aussi je viens de quelque part. Et que si, aujourd'hui, on me confie certaines responsabilités, c'est parce que j'ai commencé petit. Dans le quartier. Dans l'associatif. Dans le réel.

Et que lui aussi, avec ce qu'il est et ce qu'il sait faire, peut devenir utile ici. Pour que demain son quartier ne soit plus seulement un décor, mais un endroit où les gens s'engagent.

Et vous, aujourd'hui, là où vous êtes… comment pouvez-vous prendre part ?

Remerciements

•

———————————

Ce livre n'est pas seulement une histoire : c'est un partage, un témoignage de mes racines et de mes engagements.

Avant tout, étant croyant, je rends grâce à Dieu pour sa fidélité dans ma vie. Ma foi en Lui guide mes pas, chaque jour.

À mon père, BDN, mon repère : tu m'as appris la dignité, la droiture, la constance. Je suis inspiré par ton exemple. À mère Magalie, merci pour ton amour. À ma famille Mokuami.

À ma mère, partie trop tôt... Son absence m'a appris à chérir les moments présents avec ceux que l'on aime. À ma famille Lufiawu, pour l'histoire, pour la mémoire vivante que nous partageons. À mon grand-père Antonio Lufialuisu, mon homonyme : merci pour ce que tu représentes pour moi. Merci aussi à toute la famille : Fofo, Nsimba, Nzuzi, Davin, Yves. À ma tante Espérance : merci d'avoir tant donné, merci d'avoir essayé, encore et encore, même dans les difficultés, même quand la vie ne faisait pas de cadeaux. Ton courage silencieux est une leçon que je porte chaque jour. À mes cousins : Patrick, Fara, Heda, Sharon, Ruth et Isaac.

À mon épouse, Anna, *my Angel*, ma partenaire de vie. Vingt-trois ans d'amour, de confiance et de vision partagée. Merci de marcher avec moi depuis le début, même quand tout semblait incertain.

À mes trois fils, mes soldats, et à ma princesse : vous êtes ce qui motive mon engagement. Je me bats pour aujourd'hui, mais je bâtis pour vous.

À mes frères et sœurs : Bénie, Kabibi, Popaul, Nancy, Chelsea, Jérémie, Dieumerci, Natacha, Manuella, Maeva : nous partageons une histoire.

À ma belle-famille : Papa Jean-Félix, mère Annick, Franck, Nono, Raquel, Stéphane, Mathieu.

À mes nièces et neveux : chacun de vous compte, chacun de vous est précieux. À mes cousins et cousines, et je dirais même plus : à mes frères et sœurs de cœur. Merci pour la force du lien, et pour la fidélité.

Un profond respect à Madame Élisabeth Moreno, exemple de résilience, dont le parcours rappelle que nos origines sociales ne définissent pas nos limites, mais peuvent devenir des tremplins.

Un immense merci à Amandine, responsable de la maison d'édition THAMANI. Tu as pris le temps d'accompagner chaque étape avec rigueur et bienveillance. Les idées étaient là depuis cinq ans avec un début d'écriture, mais avec toi, ce livre a trouvé son chemin.

À Brendan et Camille : merci pour la confiance et l'engagement partagé, notamment dans l'action sociale.

À mes compagnons de lutte : ceux des quartiers, des structures, des actions, des combats sociaux. Plus de vingt-cinq ans à agir sur le terrain ensemble, ici et ailleurs. Nous avons compris que prendre part, c'est refuser d'être spectateur de sa propre histoire.

Enfin, à toutes celles et ceux qui croient encore en la grandeur cachée de nos quartiers populaires : ce livre est une preuve que la résilience est un héritage, et que l'espérance est un choix.

Avec foi, honneur et responsabilité,

Lufian Mokuami Ndongala

Pour suivre le parcours et les projets de Lufian :

Dépôt légal : Mars 2026